SPRINGER COMPASS

Herausgegeben von
G. R. Kofer   P. Schnupp   H. Strunz

Wolfgang Reisig

Systementwurf mit Netzen

Mit 139 Abbildungen

Springer-Verlag
Berlin Heidelberg New York Tokyo

Dr. Wolfgang Reisig
GMD Bonn
Schloß Birlinghoven
5205 St. Augustin 1

ISBN-13: 978-3-642-95458-0   e-ISBN-13: 978-3-642-95457-3
DOI: 10.1007/978-3-642-95457-3

CIP-Kurztitelaufnahme der Deutschen Bibliothek

Reisig, Wolfgang:
Systementwurf mit Netzen / Wolfgang Reisig. –
Berlin; Heidelberg; New York; Tokyo: Springer, 1985.
(Springer Compass)

Offsetdruck: J. Beltz, Hemsbach. Bindearbeiten: J. Schäffer OHG, Grünstadt
2145/3140-543210

Vorwort des Herausgebers

In den 60er Jahren gab es in jedem Zimmer, in dem Software-Entwickler arbeiteten, mindestens eine große Tafel. Auf der waren im allgemeinen viele Skizzen zu sehen: informelle Kästchen-Darstellungen, Flußdiagramme, Transitionsnetze, Zustandsdiagramme und viele andere. Wenn die Programmierer damals, in den Zeiten des Closed Shop, auf ihre Programmlisten warteten, verbrachten sie beträchtliche Zeit an diesen Tafeln, diskutierten an Hand der Graphiken, verbesserten sie und zeichneten sie schließlich in (halbwegs) sauberer Form ab: als Unterlage für Diskussionen mit Anwendern und Benutzern, zur Illustrierung von Problemanalysen und Spezifikationen, und schließlich als wichtigen Teil der Programmdokumentation.

Das hatte viele Vorteile:

- Man verstand sich schneller und sicherer bei den Fachdiskussionen, weil man sich immer „ein Bild davon machen konnte", was der andere wohl meinte und von was er gerade sprach.
- Die Besprechungen mit den Anwendern verliefen erfreulicher und nutzbringender, weil diese aus den Diagrammen wenigstens erahnen konnten, was die Systemanalytiker mit ihren „Ablaufstrukturen" meinten und bezweckten. Zwar gab es auch damals schon Mißverständnisse zwischen Fachbereich und EDV. Aber sie waren wohl weniger schwer und weniger langwierig.
- Spezifikationen und Dokumentationen waren leichter lesbar, weniger ermüdend und vor allem verständlicher. Was man in der sprachlichen oder formalen Beschreibung nicht verstanden hatte, verstand man vielleicht an Hand der Abbildung. Und es ist sicher nicht nur mir mehr als einmal passiert, daß ich bei der Betrachtung einer Graphik erst merkte, daß ich den Text des Autors einschließlich seiner Intentionen völlig falsch interpretiert hatte.

Die Zeiten sind vorbei. Mit den Wandtafeln verschwanden aus den meisten Präsentationen, Spezifikationen und Softwarebeschreibungen auch die Graphiken. Allenfalls extrem formale Denker kann dies freuen. Die Praktiker sehen darin keinen Fortschritt der Softwaretechnologie.

Woran liegt dieser Wandel (zum Schlechteren – vermutlich)?

Es gibt mehrere Gründe:
- Aus dem Closed Shop wurde die Online-Programmierung. Damit entfielen nicht nur die Wartezeiten, sondern meist auch die Tafeln; sie wurden durch Terminals ersetzt. Und die „konnten nicht zeichnen".
- Anfang der 70er Jahre kam mit „Strukturierter Programmierung" und „Schrittweiser Verfeinerung" die Neue Softwaretechnologie auf. Sie entlarvte das alte Flußdiagramm als die Wurzel zwar nicht aller aber doch vieler Übel. Mit Recht, denn es war nun einmal „unstrukturiert". Leider wurde dabei von manchen Informatikern alles, was auch nur entfernt ähnlich aussah, gleich mitverbannt. Zu Unrecht. Aber wenn noch Anfang der 80er Jahre deutsche Hochschullehrer behaupteten, Petri-Netze seien dasselbe wie Flußdiagramme, kann man den verunsicherten Anwendungsprogrammierern schlecht verdenken, daß sie sich auch nicht mehr recht auskannten.
- Die meisten Theoretiker mochten graphische Techniken sowieso nicht. Sie hätten „keine Syntax und Semantik". Und damit meinten sie, daß man weder ihre formale Korrektheit beweisen noch exakte Abbildungsregeln aufstellen könne, mit denen man (zumindest im Prinzip) automatisch eine Spezifikation in einen Algorithmus „transformieren" oder ein Programmstück mit ihr verifizieren könne.

Dabei war der Gegenstand dieses Buches, die „Petri-Netze" oder – etwas allgemeiner – die „Netze aus Instanzen und Kanälen", auch schon Anfang der 70er Jahre bekannt. Diese Netze haben jene Nachteile nicht.
- Es gibt inzwischen die ersten Softwaresysteme, die Petrinetze auch graphisch erfassen, speichern, editieren, prüfen und bearbeiten können.
- „Netze aus Instanzen und Kanälen" sind „strukturiert". Sie unterstützen von Anfang an die Entwurfsmethode der „Schrittweisen Verfeinerung" besser und konsequenter, als es viele Entwurfs- und Programmiersprachen tun.
- Ihre graphische Syntax ist genau definiert (sie sind streng „bipartite Graphen"). Und es gibt eine Semantik für sie: für den Programmierpraktiker das implementierungsnahe Modell des endlichen Automaten und für den Theoretiker soviel Mathematik im Hintergrund, wie er sich nur wünschen kann (die allerdings nicht das Thema des vorliegenden Buchs ist).

Dieser mathematische Hintergrund ist einerseits beruhigend. Wer Petrinetze einsetzt weiß, daß er „eine saubere Methode" benutzt, daß Zweifelsfragen notfalls durch Rückgriff auf Formalismen eindeutig geklärt werden können, und daß genügend Theorie verfügbar (und teilweise auch schon auf Rechnern implementiert) ist, wenn er sie einmal braucht.

Die viele Theorie hat aber auch einen Nachteil. Fast alle Literatur, die bisher über das Thema publiziert wurde, ist zu „mathematisch" und zu wenig praxisorientiert für den Praktiker, der graphische Modelle und Techniken primär als Anschauungshilfe für sich, für seine Kollegen und für die Anwender seiner Software braucht. Deshalb waren diese Netze mehr als zehn Jahre fast eine „Geheimlehre" einiger weniger Systemanalytiker und Softwareplaner, die durch den einen oder anderen Zufall mit ihnen in Berührung gekommen waren und sie – wegen ihrer hohen Anschaulichkeit ebenso wie wegen ihrer Exaktheit – gerne in ihr Repertoir übernommen hatten.

Wobei ich als einer von ihnen aus eigener Erfahrung sagen kann, daß wir nicht glücklich über den geringen Bekanntheitsgrad „unserer" Analyse- und Spezifikationstechnik waren. Denn eine wesentliche Funktion jeder softwaretechnischen Methode ist die Unterstützung der Koordination und des Informationsaustauschs zwischen Anwendern, Kollegen und Auftraggebern. Und dazu ist ihre Bekanntheit Vorbedingung.

Deshalb freue ich mich besonders, daß es in dieser Reihe jetzt ein praxisorientiertes Buch über Netze gibt. Ein Buch, das ich nicht nur Ihnen empfehlen kann, sondern auch jedem, mit dem zusammen ich in Zukunft Software spezifizieren und planen muß. Ein Buch, das eine der „praktischsten" Entwurfsmethoden so bekannt machen kann, wie sie es verdient. Und ein Buch, das mithelfen kann an der Lösung eines der wichtigsten Probleme anwendungsorientierter Softwareentwicklung: der Verbesserung der Kommunikation unter allen an ihr Beteiligten.

München, im März 1985   Peter Schnupp

Vorwort

„Systementwurf mit Netzen" lautet der Titel dieses Buches. Was ist darunter zu verstehen? Genauer: was ist hier mit Systemen, was mit Netzen gemeint?

Beginnen wir mit den Systemen: sie sind in diesem Buch sehr allgemein aufgefaßt als „organisatorische Systeme", in denen geregelte Flüsse von Gegenständen und Informationen bedeutsam sind. Unter den Netzen wiederum wollen wir hier solche verstehen, wie sie im Rahmen der Netztheorie nach C. A. Petri entwickelt wurden: sogenannte „Petrinetze". Diese Petrinetze haben sich in der Praxis entschieden bewährt.

Wir werden im Verlauf des Buches verschiedene Netzmodelle betrachten, die jeweils für die Modellierung spezieller Problemkreise zweckmäßig sind. Sie hängen untereinander durch gemeinsame Interpretationsmuster zusammen und können insgesamt als eine Methodik zur Darstellung beliebiger Systeme in beliebigen Feinheitsgraden und Ausschnitten verstanden werden. Die einfachen und unmittelbar einleuchtenden Prinzipien der Systemmodellierung mit Netzen lassen eine anschauliche Darstellung dieser Methodik zu, die ohne alle Mathematik auskommt.

Der Text dieses Buches ging aus Kursen hervor, die der Autor für Projektingenieure und Projektmanager aus dem Bereich rechnerintegrierter Systeme durchgeführt hat. Den Teilnehmern dieser Kurse, Herrn Dipl.-Ing. G. Feistl und Herrn Dipl.-Ing. H. Keil von der Siemens-Schule für Mikrocomputer in Düsseldorf sowie Herrn Prof. W. Brauer und Herrn Dr. P. Schnupp sei an dieser Stelle für zahlreiche Hinweise gedankt, Herrn Dipl.-Ing. Franz Goltz für das sorgfältige Zeichnen der Abbildungen und dem Springer-Verlag für die gelungene Ausstattung des Buches.

Bonn, im April 1985   Wolfgang Reisig

Inhaltsverzeichnis

Einleitung

Wozu Petrinetze?

Petrinetze wurden und werden in vielen Bereichen der Datenverarbeitung
eingesetzt: zur Modellierung von Hardware und von Kommunikationspro-
tokollen, von parallelen Programmen und verteilten Datenbanken, insbesondere aber im Rahmen des Requirements Engineering, also in den ersten
Phasen des Systementwurfs. Dieser Anwendungsbereich steht auch im
Mittelpunkt dieses Buches.

Welche Systeme werden mit Petrinetzen modelliert?

Mit Systemen sind in diesem Buch nicht ausschließlich Rechner gemeint.
Vielmehr umfaßt der Begriff „System" hier organisatorische, d. h. logisti-
sche, technische, und rechnerintegrierte Systeme aller Art, in denen geregelte Flüsse von Gegenständen und Informationen von Bedeutung sind.
Auch wenn letztlich ein Rechensystem installiert werden soll, müssen solche
allgemeinen Systeme modelliert werden können; denn jeder Rechner ist in
die Umgebung eingebunden, für die er eine Leistung erbringen soll. Diese
Leistung aber kann nur beschrieben werden, wenn man einige Komponenten aus der Umgebung des Rechners mit berücksichtigt.

Was leisten Petrinetze im Systementwurf?

Wenn ein System geplant oder ein bestehendes System analysiert wird, z. B.
weil es umorganisiert werden soll, kommt es immer wieder vor, daß
- das System nicht vollständig, sondern – zumeist umgangssprachlich – unvollständig und teilweise nicht eindeutig beschrieben und darüber hinaus
- ein Auftraggeber an der Planung bzw. Analyse beteiligt ist, dem ein
  Formalismus nicht zugemutet werden kann.

Man kann dies fast als die typische Ausgangssituation beim Systementwurf ansehen. Beim Systementwurf selbst wird in aller Regel so vorgegangen, daß man das System zunächst grob in Komponenten zerlegt, deren Funktionen und wechselseitige Beziehungen dann einzeln beschrieben werden. Auf dieselbe Weise werden in der Folge die einzelnen Komponenten weiter zerlegt. Mehr und mehr wird in der Entwurfsphase auch das dynamische Verhalten präzisiert. Der gesamte Entwurfsprozeß muß dabei systematisch dokumentiert werden. Als äußerst günstig hat es sich erwiesen, möglichst früh Plausiblitäts- und Korrektheitsuntersuchungen durchzuführen, da die Korrektur von Fehlern aus der Entwurfsphase besonders kostenaufwendig ist.

Aus dieser „Logik" des Systementwurfs und seiner Voraussetzungen ergeben sich die zentralen Fragestellungen dieses Buches:

- Wie kann man (im Team oder mit dem Auftraggeber) in einer nicht formalen, aber doch präzisen Weise Fragen des Systementwurfs klären?
- Wie kann man ein informell oder unvollständig beschriebenes, reales System sinnvoll in Teile gliedern und diese Teile einzeln weiteruntersuchen?
- Wie gelangt man von informellen Systemdarstellungen systematisch zu Beschreibungen, die als Grundlage einer Implementierung dienen können?
- Wie behandelt man Systeme, die hierarchisch aufgebaut oder aus mehreren, relativ unahängig voneinander arbeitenden Komponenten zusammengesetzt sind?
- Wie kann man auf verschiedenen Abstraktionsebenen verschiedene Sichten (Ausschnitte) ausblenden und miteinander in Beziehung setzen?
- Wie kann man auf einem möglichst hohen Niveau neben dem (statischen) Aufbau auch das (dynamishe) Verhalten eines Systems modellieren?
- Wie stellt man konkrete einzelne und ineinander verzahnte Abläufe auf (verteilten) Systemen dar?

Petrinetze versuchen diesen Fragestellungen gerecht zu werden.

Welche Alternativen gibt es?

Als Antwort auf die vieldiskutierte sogenannte Softwarekrise hat sich das Software Engineering entwickelt, das mit Lifecycle-Modellen Verfahren vorschlägt, die den Weg von der Problemstellung zum lauffähigen Programm systematisieren. In den ersten Phasen solcher Verfahren werden die Requirements, also die Anforderungen an das geplante System herausgearbeitet und präzisiert. Man faßt dies unter der schon genannten Bezeichnung „Requirements Engineering" zusammen. Nun gibt es für das Requirements

Engineering bereits eine Reihe von Methoden, die zumeist in Werkzeuge integriert sind (z. B. AKL, Boie, EPOS, ESPRESO, ISAC, IBIS, Promod, PSL/PSA, SA, SADT, SARS, S/E/TEC, STREM/SREP) mit dem Ziel, Systeme rechnergestützt zu entwerfen. Petrinetze haben teilweise Ähnlichkeit mit den genannten Methoden; es gibt aber auch prinzipielle Unterschiede.

Ein detaillierter Vergleich dieser Methoden mit Petrinetzen würde den Rahmen dieses Buches sprengen. Der augenfälligste Unterschied zu anderen Methoden liegt bei den Petrinetzen in der gleichrangigen Behandlung aktiver und passiver Komponenten und vor allem in der Möglichkeit, frühzeitig auf hohem Niveau und in beliebiger Präzision von der Beschreibung statischer Komponenten zur Darstellung dynamischen Verhaltens überzugehen.

Es sind bereits einige Werkzeuge für den rechnergestützten Entwurf mit Petrinetzen auf dem Markt; weitere sind in Kürze zu erwarten. Einen Überblick über 25 Projekte für Petrinetz-Werkzeuge enthält der „Newsletter Petri Nets and Related System Models" nr. 16, Ausgabe Februar 1984 (vgl. Literaturverzeichnis).

Wie geht diese Buch vor?

Dieses Buch handelt von den Grundbegriffen und Darstellungstechniken für Petrinetze, die für den Entwurf rechnergestützter Systeme wichtig sind. Es will dem Leser das Grundwissen vermitteln, das er braucht, um Netzdarstellungen zu verstehen, sie miteinander in Beziehung zu setzen und selbst in angemessener Weise zu konstruieren. Zu diesem Zweck stellt es eine an der Entwufspraxis orientierte Systematisierung der wichtigsten Methoden vor und erläutert sie anhand zahlreicher Beispiele. Es kommt dabei ohne alle Mathematik aus, und zwar deshalb, weil die Petrinetze in besonderem Maße auf die Intuition hin entwickelt worden sind, ja die Intuition ausdrücklich unterstützen und präzisieren sollen. Dies ist auch nötig, denn ein wesentlicher Aspekt des Systementwurfs ist die Kommunikation zwischen Auftraggeber und Entwurfsteam, und einem Auftraggeber kann und soll kein großer formaler Kalkül zugemutet werden. Mathematik ist erst dort unverzichtbar, wo Analyseverfahren zur Berechnung von Eigenschaften eines Entwurfs eingesetzt werden. Solche Verfahren aber werden hier nicht behandelt.

Konkret beginnt das Buch mit einem Kapitel, das die wichtigsten Prinzipien des Systementwurfs mit Netzen anhand von Beispielen erläutert. Danach geht es systematisch von speziellen zu höher integrierten Netzmodellen über und gelangt schließlich zu einer Systematik des Systementwurfs mit Netzen.

Die Anwendung der vorgestellten Konzepte muß freilich geübt werden. Dem dienen die verschiedenen kleineren Beispiele, die Aufgaben und insbesondere das „große" Beispiel einer (Großhandels-) Firma im letzten Kapitel.

Welches Ziel verfolgt dieses Buch?

Um die Zielrichtung dieses Buches zu verdeutlichen, sei der Vergleich mit dem Erwerb des Führerscheins gestattet: Die Fahrschule (dieses Buch) vermittelt Grundwissen und gibt Richtlinien für die angemessene Verwendung eines Fahrzeugs (des Systementwurfs mit Netzen). In einigen Fahrstunden (Übungsstunden) wird dessen Einsatz in realistischen Situationen unter Aufsicht geübt. Am Ende der Ausbildung steht der „frischgebackene Führerscheinbesitzer" (Anwender von Petrinetzen), der nun in der täglichen Praxis seine Routine, seine Vorlieben und Eigenarten entwickelt und bald auch bei neu auftauchenden Problemen weiß, wo und wie er eine Lösung findet. Und wie ein Autofahrer nicht viel von Kraftfahrzeugtechnik verstehen muß, so braucht auch der Anwender von Petrinetzen keine tieferen Kenntnisse etwa der Netztheorie. Die braucht erst, wer als Netze dargestellte Systementwürfe auf (Korrektheits-) Eigenschaften hin untersuchen will.
Somit wäre dieses Buch, um im Bild zu bleiben, die Fibel zur „Netz-Fahrschule".

1 Prinzipien des Systementwurfs mit Netzen

1.1 Ein Beispiel

Als Beispiel wählen wir die Organisation einer Bibliothek und beginnen mit der gröbsten sinnvollen Sicht einer Bibliothek: Da gibt es einen *Bestand von Büchern*, auf den *Bibliotheksbenutzer* zugreifen können. Wir haben es also mit zwei Komponenten zu tun, und es hat etwas unmittelbar Einleuchtendes, wenn wir die eine (den Bücherbestand) als eher *passiv*, die andere (die Benutzer) als eher *aktiv* kennzeichnen. Stellen wir die passive Komponente *rund* und die aktive Komponente *quadratisch* dar, ergibt sich Abb. 1. Die Pfeile zwischen den Komponenten bezeichnen den Fluß von Gegenständen und Informationen.

Abb. 1. Gröbste sinnvolle Sicht einer Bibliothek

In großen Bibliotheken kann ein Benutzer freilich nicht direkt auf den Bücherbestand zugreifen. Vielmehr gibt es eine (oder mehrere) Benutzertheken, an denen die Benutzer von Bibliotheksangestellten bedient werden. Wiederum ist uns intuitiv klar, welche Komponenten passiv (die Benutzertheken) und welche aktiv sind (die Bibliotheksangestellten). So ergibt sich Abb. 2.

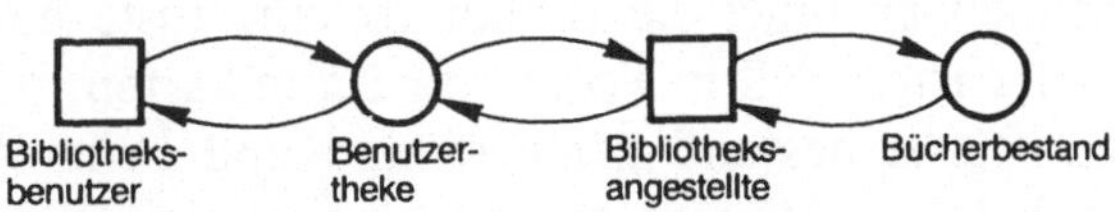

Abb. 2. Organisation einer großen Bibliothek

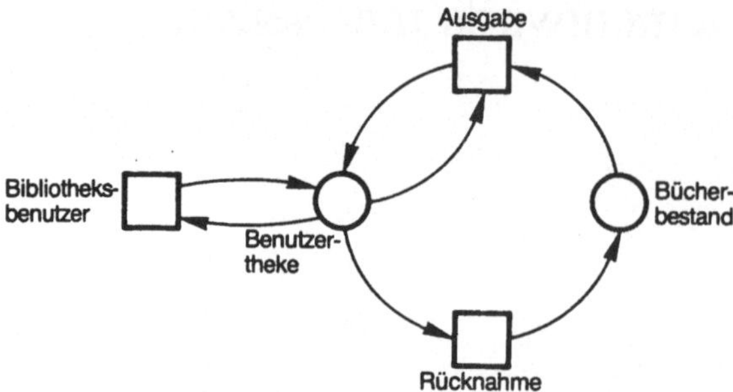

Abb. 3. Organisatorische Trennung von Ausgabe und Rücknahme der Bücher

Reger Leihverkehr muß organisiert werden: Wir trennen zunächst Ausleihe und Rücknahme der Bücher und gehen in Abb. 3 davon aus, daß Bücher zur Ausleihe bestellt werden müssen, daß also zunächst Information vom Besteller zur ausleihenden Instanz fließen muß, bevor das entsprechende Buch von der ausleihenden Instanz zum Besteller geht.

Es liegt nahe, die Benutzer darüber hinaus bezüglich der Rolle zu klassifizieren, die sie im Leihverkehr jeweils einnehmen: Benutzer treten als Besteller, Abholer oder Rückgeber auf (Abb. 4).

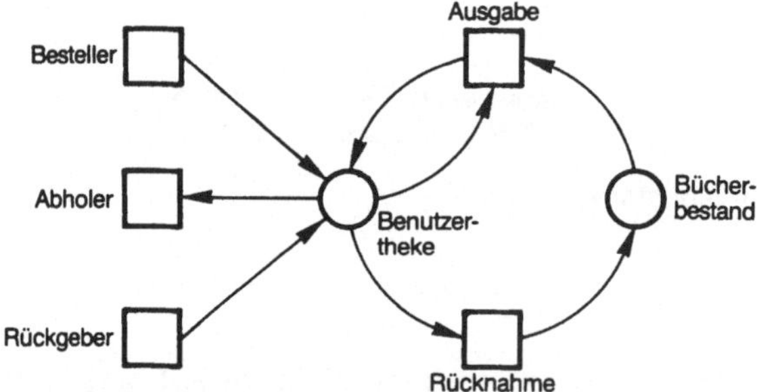

Abb. 4. Einteilung der Benutzer in Besteller, Abholer und Rückgeber

Zur Bewältigung großen Andrangs (und wenn genug Personal verfügbar ist), erscheint die Einrichtung spezialisierter Theken für Besteller, Abholer und Rückgeber zweckmäßig (Abb. 5).

Schließlich führt die Bibliothek eine Liste über die entliehenen Bücher, im einfachsten Fall in Form von Karteikarten, die zusammen mit den Büchern im Bücherbestand gelagert sind und beim Ausleihen in einer Kartei der entliehenen Bücher gesammelt werden. Bei der Rücknahme eines Buches wird die dazugehörige Karte der Kartei entnommen und zusammen mit dem

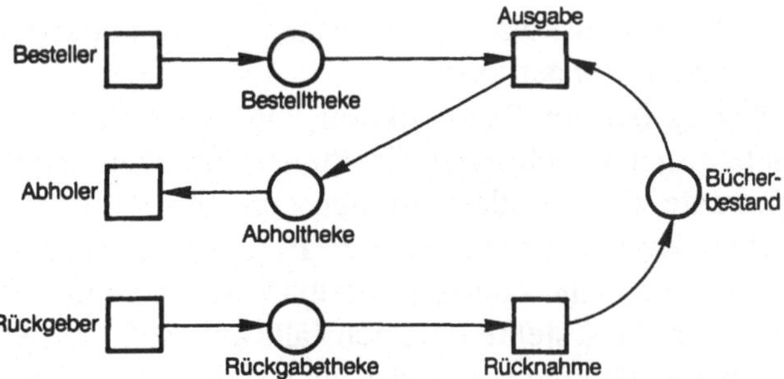

Abb. 5. Einführung spezieller Theken

Buch im Bücherbestand abgelegt. Abb. 6 ergänzt das System um eine solche Kartei (die aber nur ein allererster Schritt wäre, wollten wir eine manuell verwaltete Bibliothek umorganisieren und eine rechnergestützte Organisation planen).

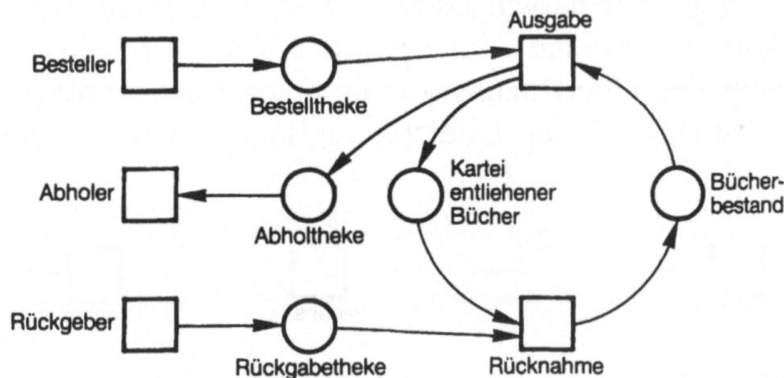

Abb. 6. Einführung einer Kartei entliehener Bücher

1.2 Passive und aktive Komponenten

Für unsere Zwecke ist die Beispielbibliothek nun weit genug ausgebaut; wir können daran einige zentrale Prinzipien des Systementwurfs mit Netzen aufzeigen: Da ist zunächst die Kennzeichnung jeder Komponente als „passiv" oder als „aktiv". In unserem Beispiel haben sich diese Kennzeichnungen gleichsam natürlich ergeben. Die passiven Komponenten (im Beispiel die verschiedenen Theken, der Bücherbestand und die Kartei entliehener Bücher) können Dinge lagern, speichern oder sichtbar machen, sie können sich in bestimmten Zuständen befinden. Sie heißen *Kanäle*. Die aktiven Komponenten (im Beispiel die Benutzer in ihren drei Rollen, die Ausleihe und die Rückgabe) können Dinge erzeugen, transportieren oder verändern.

Sie heißen *Instanzen*. Die bisherigen Abbildungen stellen *Netze aus Kanälen und Instanzen* dar.

Wichtig bei der Konstruktion von Netzen aus Kanälen und Instanzen sind selbstverständlich auch die Pfeile: Ein Pfeil stellt niemals eine Systemkomponente dar, sondern immer eine abstrakte, gedankliche Beziehung zwischen Komponenten, also z. B. logische Zusammenhänge, Zugriffsrechte, räumliche Nähe oder unmittelbare Kopplung.

Bei den dargestellten Netzen fällt auf, daß kein Pfeil zwei passive oder zwei aktive Komponenten (also zwei Kanäle oder zwei Instanzen) miteinander verbindet. Vielmehr führt jeder Pfeil von einem Kanal zu einer Instanz oder umgekehrt von einer Instanz zu einem Kanal. Dies ist weder Zufall noch Willkür, sondern ergibt sich nach aller Erfahrung zwangsläufig bei angemessener Verwendung von Netzen, d. h. bei angemessener Trennung aktiver und passiver Komponenten. Wann immer dieses Prinzip bei der Modellierung verletzt wird, kann man davon ausgehen, daß entweder eine reale Komponente nicht modelliert wurde oder daß die Aspekte unzweckmäßig gewichtet sind, die zur Trennung einzelner Komponenten von ihrer Umgebung geführt haben. Dies sei wieder an einem Beispiel erklärt:

Abb. 7 zeigt eine – im Sinne der Netze – falsche und eine richtige Modellierung des Übertragungskanals einer Rechnerkopplung. In der oberen Darstellung wird der Übertragungskanal nicht als eigenständige Komponente

Abb. 7. Darstellungen einer einfachen Rechnerkopplung

modelliert oder es wird davon ausgegangen, daß solche Kanäle immer genau zwei Rechner verbinden. Beides kann sich als unzweckmäßig erweisen, da ein Übertragungskanal in der Realität eine komplexe Komponente ist. Es kann vorkommen, daß in ihm Daten verändert werden oder verloren gehen (d. h. es können Aktionen auf ihn einwirken). In der Netzdarstellung gibt es eine natürliche Möglichkeit, solche Aktionen zu modellieren (Abb. 8).

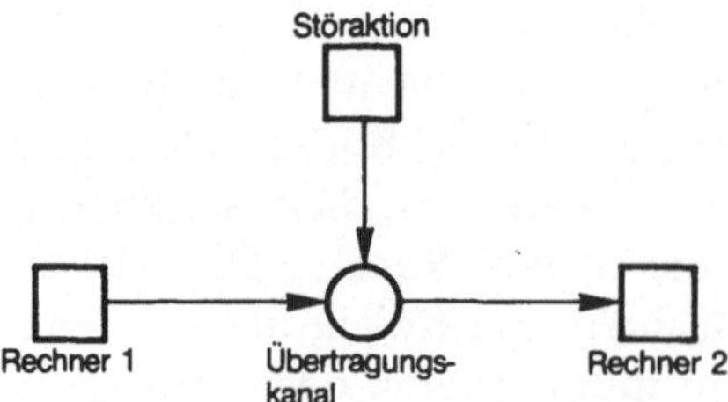

Abb. 8. Erweiterung von Abb. 7

Auch ist es möglich, mit einem Übertragungskanal mehrere Rechner zugleich zu koppeln (Abb. 9).

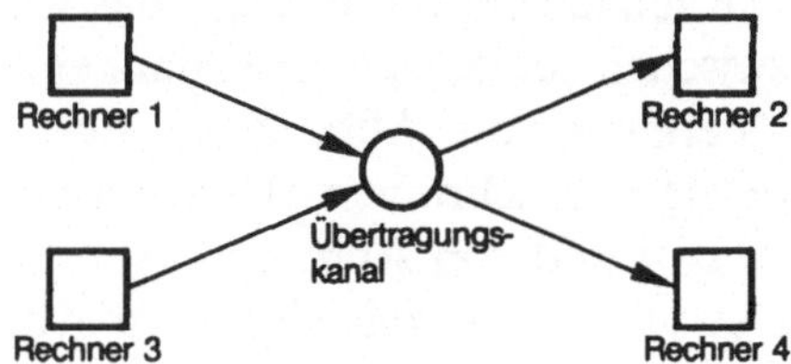

Abb. 9. Kopplung mehrerer Rechner über einen Kanal

1.3 Der Übergang zu dynamischem Verhalten

Auf ein weiteres zentrales Prinzip des Systementwurfs mit Netzen sei an dieser Stelle nur kurz eingegangen: das Prinzip des systematischen Übergangs von Netzen aus Kanälen und Instanzen, wie wir sie bisher behandelt haben, zu Netzen, die dynamisches Verhalten modellieren. Wir wählen als Beispiel wieder unsere Bibliothek und greifen auf deren Darstellung in Abb. 6 zurück. Wie Abb. 10 zeigt, können die Kanäle nun konkrete Objekte beinhalten: Auf der Bestelltheke liegt ein (ausgefülltes) Bestellformular, auf der Abholtheke ein bereitliegendes, aber noch nicht abgeholtes Buch, auf der Rückgabetheke ein zurückgegebenes, aber noch nicht wieder eingeordnetes Buch. Die Bücher des Bücherbestandes und die Karten der Kartei entliehener Bücher sind angedeutet. Die Instanzen können nun nach bestimmten, vom Systementwerfer formulierbaren Regeln tätig werden und die Objekte neu verteilen: Der Bestellzettel wird von der ausleihenden Instanz entgegengenommen, das Buch herausgesucht und auf die Abholtheke gelegt. Abholer nehmen ihre Bücher von der Abholtheke, zurückgegebene Bücher werden wieder in den Bücherbestand einsortiert. Wie man dieses dynamische Verhalten darstellt, wird in den Kapiteln 2 bis 4 erklärt.

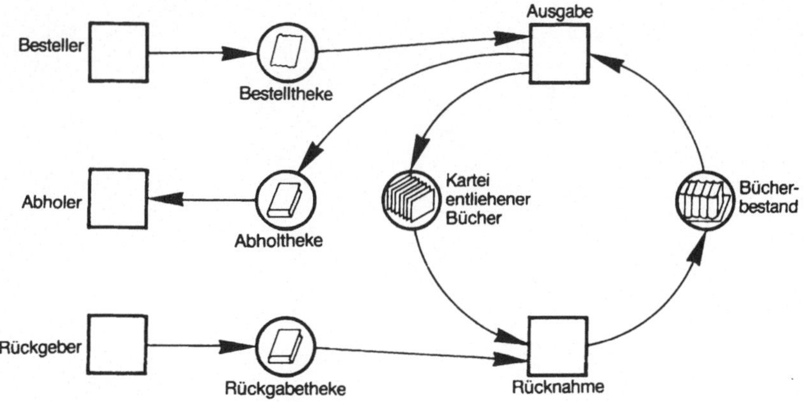

Abb. 10. Bestellzettel, Bücher, Karteikarten

1.4 Beziehungen zwischen Netzdarstellungen

Das letzte zentrale Prinzip, das wir behandeln wollen, betrifft das Verhältnis zwischen einzelnen Netzdarstellungen. So wird beispielsweise mit dem Übergang von Abb. 2 zu Abb. 3 die Rolle der Bibliotheksangestellten präziser beschrieben. Entsprechendes gilt für den Schritt von Abb. 3 zu Abb. 4 und von Abb. 4 zu Abb. 5 für die Benutzer bzw. die Benutzertheke. Der Übergang von Abb. 5 zu Abb. 6 ist hingegen anders geartet: hier wird das gegebene Modell um eine neue Komponente (die Kartei entliehener Bücher) ergänzt. Es gibt also zwei sinnvolle Fortentwicklungen eines Modells: man *ersetzt* eine Komponente durch ein präzisierendes feineres (Teil-) Netz oder man *ergänzt* das System um neue Komponenten. Diese Techniken werden in Kapitel 5 behandelt.

Die drei vorgestellten Prinzipien, das Zerlegen in aktive und passive Komponenten, das Übergehen von der statischen Zerlegung zu dynamischem Verhalten und das konstruktive Aufeinanderbeziehen einzelner Netzdarstellungen, bilden das Gerüst einer integrierten Technik zum Systementwurf mit Netzen.

2 Netze aus Bedingungen und Ereignissen

2.1 Ein Beispiel

Wir beginnen mit einem Beispiel, das aus höchst verschiedenen Bereichen
stammen könnte: es werden darin einfach Objekte erzeugt, auf einen Kanal
abgelegt, dort später entnommen und schließlich verbraucht. Im konkreten
Zusammenhang könnte „auf einen Kanal ablegen" auch für „absenden",
„zur Verfügung stellen" oder „weggeben" stehen. „Dem Kanal entnehmen"
könnte auch „annehmen" oder „empfangen" bedeuten. Die Objekte könn-
ten Güter, Nachrichten, Datenträger, Geld, sogar Dienstleistungen sein.
Uns geht es hier nicht um eine dieser konkreten Möglichkeiten, sondern um
das, was ihnen gemeinsam ist.
In Abb. 11 sind „Absenden" und „Entnehmen" *Ereignisse* unseres (in
Planung befindlichen) Systems, die *wiederholt* eintreten können. Das Ereignis „Absenden", beispielsweise, kann eintreten, wenn gewisse Voraussetzungen erfüllt sind, wenn nämlich der Erzeuger sendebereit und der Kanal
leer ist. Wenn das Ereignis „Absenden" dann tatsächlich eintritt, so ist
hinterher der Erzeuger erzeugungsbereit und der Kanal ist belegt. „Entnehmen" ist ein Ereignis, das ebenfalls an zwei Voraussetzungen geknüpft ist:
an die Entnahmebereitschaft des Verbrauchers und daran, daß der Übertragungskanal belegt ist.

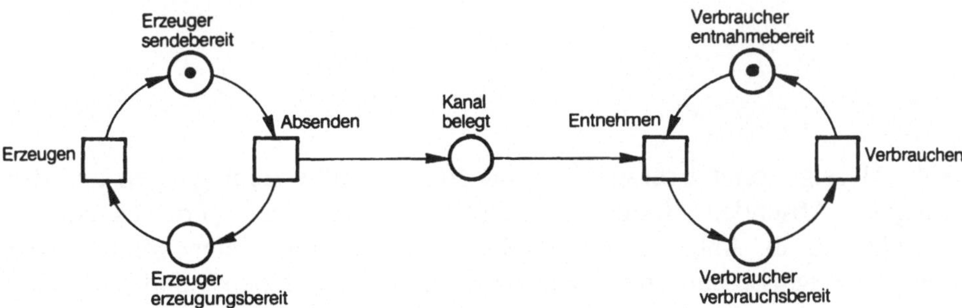

Abb. 11. Ein System zum Erzeugen und Verbrauchen

Die Voraussetzungen für den Eintritt eines Ereignisses werden mit Hilfe von *Bedingungen* formuliert. In einer konkret gegebenen Situation ist jede Bedingung entweder *erfüllt* oder *unerfüllt*. Das Ereignis „Absenden" kann eintreten, wenn die Bedingung „Erzeuger sendebereit" erfüllt, und die Bedingungen „Kanal belegt" und „Erzeuger erzeugungsbereit" unerfüllt sind. Durch den Eintritt von „Absenden" wird die Bedingung „Erzeuger sendebereit" unerfüllt, die Bedingungen „Kanal belegt" und „Erzeuger erzeugungsbereit" werden erfüllt. Entsprechend verhält es sich mit dem Ereignis „Entnehmen": Durch seinen Eintritt werden die Bedingungen „Kanal belegt" und „Verbraucher entnahmebereit", die zunächst erfüllt gewesen sein müssen, nun unerfüllt und umgekehrt wird die zunächst unerfüllt gewesene Bedingung „Verbraucher verbrauchsbereit" nun erfüllt.
In Abb. 11 treten als Komponenten auf: Bedingungen ($\bigcirc$), Ereignisse ($\square$) und Pfeile. Ein Pfeil $b\bigcirc\!\!\rightarrow\!\!\square e$ besagt, daß b eine Vorbedingung von e ist, ein Pfeil $e\square\!\!\rightarrow\!\!\bigcirc b$ besagt, daß b eine Nachbedingung von e ist. Die in einem gegebenen Fall erfüllten Bedingungen werden mit einer *Marke* ($\odot$) gekennzeichnet.
Tritt ein Ereignis ein, so werden seine (vorher erfüllten) Vorbedingungen unerfüllt und seine (vorher unerfüllten) Nachbedingungen erfüllt (Abb. 12).

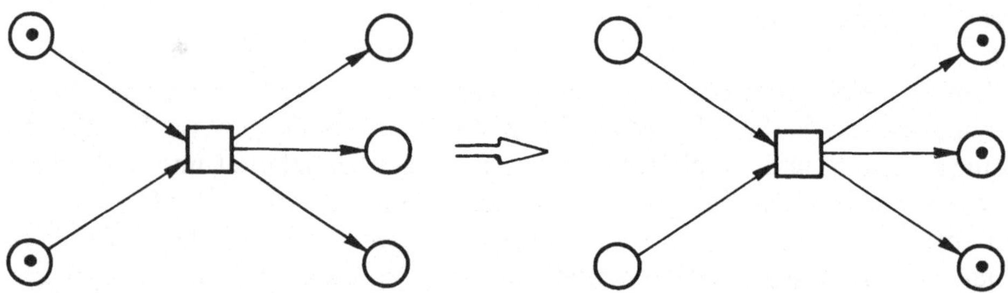

Abb. 12. Die Wirkung des Eintritts eines Ereignisses auf seine Vor- und Nachbedingungen

Abb. 11 zeigt somit zwei erfüllte und drei unerfüllte Bedingungen und das Ereignis „Absenden" (und nur dieses!) kann eintreten. Tritt es ein, so entsteht die in Abb. 13 dargestellte Konfiguration. Jetzt können zwei weitere Ereignisse eintreten: „Erzeugen" und „Entnehmen", und dies völlig unabhängig voneinander. Durch „Verbrauchen" wird danach die Konfiguration aus Abb. 11 wieder erreicht.

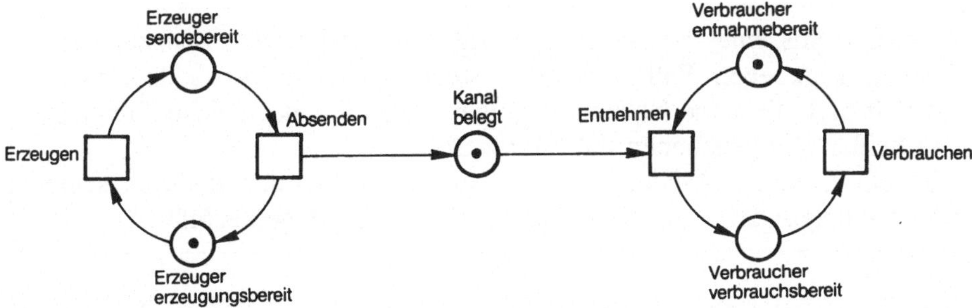

Abb. 13. Die aus Abb. 11 durch den Eintritt des Ereignisses „Erzeugen" entstehende Konfiguration

2.2 Grundbegriffe

Wir präzisieren die Darstellungen der Abb. 11 bis 13 folgendermaßen:

Ein *Netz aus Bedingungen und Ereignissen* ist gegeben durch
- *Bedingungen*, dargestellt als Kreise ($\bigcirc$),
- *Ereignisse*, dargestellt als Kästchen ($\square$),
- *Pfeile von Bedingungen zu Ereignissen* ($\bigcirc\!\to\!\square$),
- *Pfeile von Ereignissen zu Bedingungen* ($\square\!\to\!\bigcirc$) und
- *Marken* in einigen Bedingungen ($\odot$), die den *Anfangsfall*, d. h. die zu Beginn erfüllten Bedingungen angeben.

In einem Netz aus Bedingungen und Ereignissen
- ist eine Bedingung b eine *Vorbedingung* eines Ereignisses e, falls es einen Pfeil $b\bigcirc\!\to\!\square e$ gibt;
- ist eine Bedingung b eine *Nachbedingung* eines Ereignisses e, falls es einen Pfeil $e\square\!\to\!\bigcirc b$ gibt;
- ist in jeder Situation jede Bedingung entweder *erfüllt* oder *unerfüllt*;
- wird jede erfüllte Bedingung mit einer *Marke* gekennzeichnet und
- besteht ein *Fall* aus den in einer gegebenen Situation erfüllten Bedingungen.

So zeigen die Abb. 11 und 13 zwei verschiedene Fälle desselben Netzes aus Bedingungen und Ereignissen.

> Ein Ereignis eines Netzes aus Bedingungen und Ereignissen kann (in einem gegebenen Fall) eintreten, wenn alle seine Vorbedingungen erfüllt und alle seine Nachbedingungen unerfüllt sind. Solche Ereignisse heißen (im gegebenen Fall) *aktiviert*.
> Ist ein Ereignis aktiviert und *tritt es ein*, so werden dadurch seine Vorbedingungen unerfüllt und seine Nachbedingungen erfüllt.

Aufgabe 1

Ändere Abb. 11 so ab, daß der Kanal *zwei* Objekte aufnehmen kann. (Hinweis: der Kanal möge nun aus zwei hintereinanderliegenden Speicherzellen bestehen.)

Aufgabe 2

Abb. 14 zeigt das System der vier Jahreszeiten mit ihrem zyklischen Wechsel.

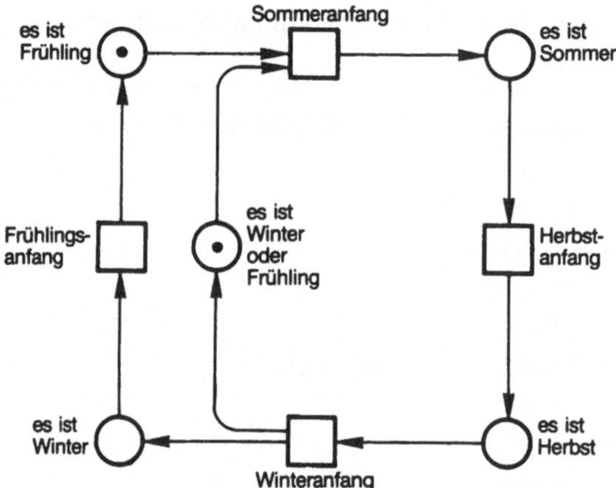

Abb. 14. Die vier Jahreszeiten und ihr Wechsel

Konstruiere darin folgende Bedingungen:
a) Es ist Herbst oder Winter
b) Es ist nicht Sommer

2.3 Konflikte

Eine wichtige Eigenschaft von Netzen aus Bedingungen und Ereignissen ist ihr *nicht eindeutiges Verhalten im Falle eines Konfliktes*.

Als Beispiel seien zwei (Betriebssystem-) Prozesse p_1 und p_2 gegeben, die beide auf einen gemeinsamen Speicherbereich zugreifen können. In keinem

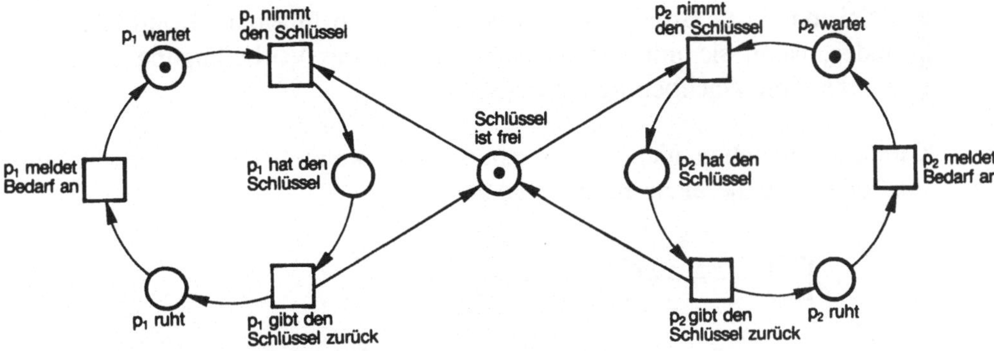

Abb. 15. Beschränkter Speicherzugriff zweier Prozesse

Fall dürfen beide auf einmal zugreifen, jedoch sei der Zugriff beliebig, ohne vorgegebene Reihenfolge möglich. Abb. 15 zeigt ein Netz zu diesem Beispiel. Der beschränkte Speicherzugriff wird mit Hilfe eines „Schlüssels" realisiert, den jeder Prozeß während des Speicherzugriffs bei sich tragen muß und den er nach dem Speicherzugriff zurückgibt. Da es nur *einen* Schlüssel gibt, können niemals beide Prozesse auf einmal zugreifen.

Im dargestellten Fall sind die Ereignisse „p_1 nimmt den Schlüssel" und „p_2 nimmt den Schlüssel" beide aktiviert; beide Ereignisse können eintreten. Sie können aber nicht (wie „Erzeugern" und „Entnehmen" in Abb. 13) unabhängig voneinander eintreten. Tritt nämlich eines von beiden tatsächlich ein, so ist das andere (im Gegensatz zu den erwähnten Ereignissen von Abb. 13) nicht länger aktiviert. Beide Ereignisse *konkurrieren* um den freien Schlüssel; sie stehen in einem *Konflikt* miteinander.

> Zwei Ereignisse eines Netzes aus Bedingungen und Ereignissen stehen in einem *Konflikt* miteinander, wenn beide aktiviert sind und durch den Eintritt des einen Ereignisses das andere nicht mehr aktiviert ist.

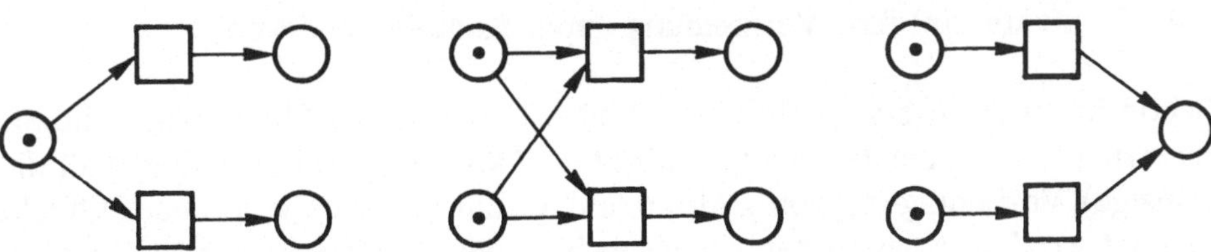

Abb. 16. Beispiele für Konflikte

Zwei aktivierte Ereignisse stehen genau dann in einem Konflikt miteinander, wenn sie mindestens eine gemeinsame Vorbedingung oder eine gemeinsame Nachbedingung besitzen.

Konflikte entstehen nicht allein schon dann, wenn Ereignisse gemeinsame Vor- oder Nachbereiche besitzen (Abb. 17).

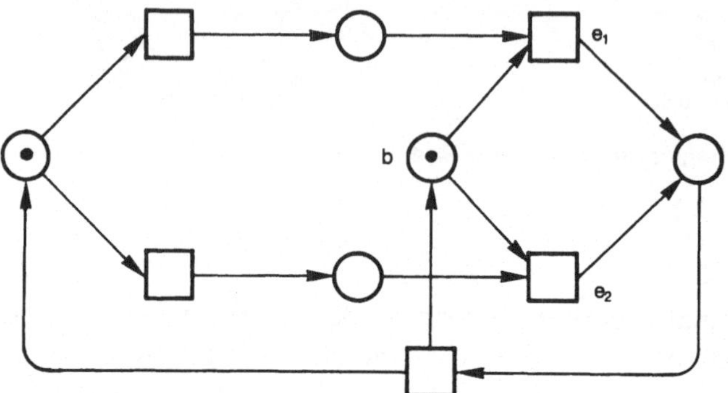

Abb. 17. e_1 und e_2 haben beide die Bedingung b in ihrem Vorbereich; es entsteht jedoch niemals ein Konflikt zwischen ihnen

Aufgabe 3

a) Konstruiere in Abb. 14 die Bedingung „Es ist Sommer oder Winter".
b) Ergänze Abb. 15 so, daß *drei* Prozesse um den Schlüssel konkurrieren.

Aufgabe 4

Ändere Abb. 11 so ab, daß nun *zwei* Kanäle zur Verfügung stehen. Sind beide leer, so ist nicht festgelegt, welcher von beiden beim Absenden belegt wird. Sind beide belegt, so ist nicht festgelegt, welcher von beiden beim Entnehmen geleert wird. (Hinweis: Konstruiere zwei verschiedene Ereignisse für das Belegen der Kanäle und ebenfalls zwei verschiedene Ereignisse für das Leeren.)

2.4 Kontakte und ihre Vermeidung durch Komplementierung

Schon in unserem ersten Beispiel (Abb. 11) wurde ein Phänomen sichtbar, das wir nun genauer betrachten möchten: Obwohl im dargestellten Fall die (einzige) Vorbedingung von „Absenden" erfüllt ist, kann kein neues Objekt erzeugt werden, solange der Kanal noch belegt ist. Hier liegt eine *Kontaktsituation* vor.

Man mag es für unschön halten, daß es nicht nur von den Vor- sondern auch den Nachbedingungen eines Ereignisses abhängt, ob es eintreten kann oder nicht. In der Tat ist es möglich, die Schaltfähigkeit eines Ereignisses nur von seinen Vorbedingungen abhängig zu machen, indem man das gegebene Netz um Bedingungen erweitert.

In unserem ersten Beispiel hatten wir den Eintritt von „Absenden" (unter anderem) an die Voraussetzung geknüpft, daß der Kanal leer ist. Die Bedingung „Kanal leer" erscheint in Abb. 11 und Abb. 13 jedoch nicht. In Abb. 18 ist sie als Erweiterung von Abb. 13 eingetragen. Hier kann nun das Ereignis „Absenden" genau dann eintreten, wenn seine (beiden) Vorbedingungen erfüllt sind. Die neue Bedingung ist *Komplement* zu „Kanal belegt". „Kanal leer" ist genau dann erfüllt, wenn „Kanal belegt" unerfüllt ist. Die eine Bedingung liegt im Vorbereich eines Ereignisses genau dann, wenn die andere Bedingung im Nachbereich des Ereignisses liegt.

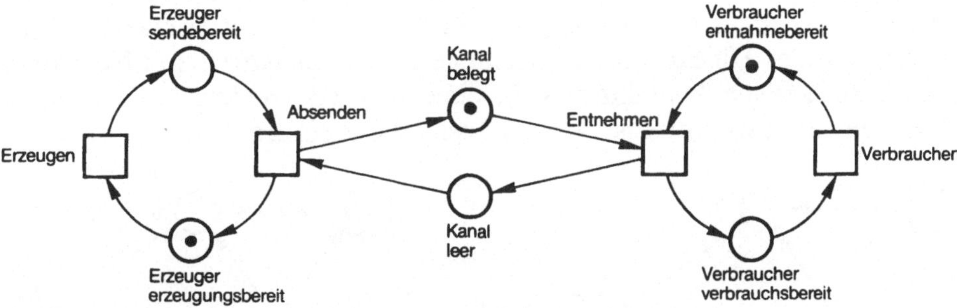

Abb. 18. „Kanal leer" als Komplement zu „Kanal belegt"

In einem Netz aus Bedingungen und Ereignissen heißt eine Bedingung *b' Komplement* zu einer Bedingung *b*, wenn für jedes Ereignis *e* gilt:
- *b* ist Vorbedingung von *e* genau dann, wenn *b'* Nachbedingung von *e* ist;
- *b* ist Nachbedingung von *e* genau dann, wenn *b'* Vorbedingung von *e* ist;
- *b'* ist unter dem Anfangsfall unerfüllt, genau dann, wenn *b* unter dem Anfangsfall erfüllt ist.

In einem Netz aus Bedingungen und Ereignissen gilt:
- Ist *b'* Komplement zu einer Bedingung *b,* so ist in jedem Fall genau eine der beiden Bedingungen erfüllt.
- Ergänzt man das Netz um das Komplement einer Bedingung, so ändert sich sein Verhalten nicht.

> In einem Netz aus Bedingungen und Ereignissen besteht ein *Kontakt*, wenn alle Vorbedingungen und mindestens eine Nachbedingung eines Ereignisses erfüllt sind.
> Ein Netz aus Bedingungen und Ereignissen heißt *kontaktfrei*, wenn niemals ein Kontakt entstehen kann.

Das Netz in Abb. 11 ist somit nicht kontaktfrei; Abb. 18 zeigt ein kontaktfreies Netz.

Ein Netz aus Bedingungen und Ereignissen kann durch die Konstruktion von Komplementen kontaktfrei gemacht werden.

In einem Netz aus Bedingungen und Ereignissen kann man zu jeder Bedingung ein Komplement konstruieren, sofern es nicht schon vorhanden ist (Abb. 19). Falls das ursprünglich gegebene Netz nicht kontaktfrei war, wird es mit der Hinzunahme der Komplemente kontaktfrei. Ein Netz kann jedoch auch schon kontaktfrei sein, ohne daß jede Bedingung mit einem Komplement ausgestattet ist. Abb. 17 zeigt dafür ein Beispiel.

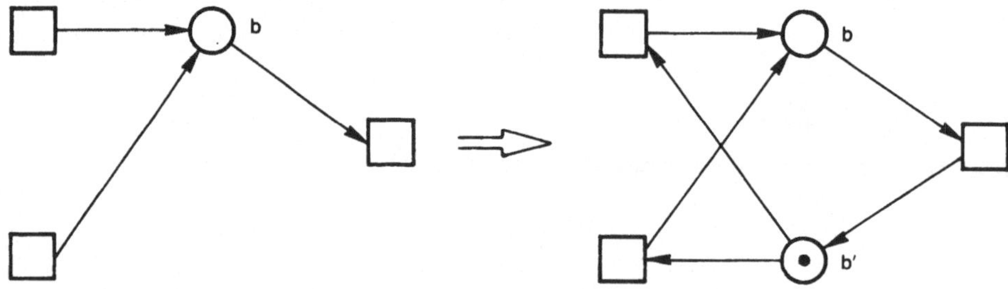

Abb. 19. Konstruktion des Komplementes *b'* zu einer Bedingung *b*

Aufgabe 5

Sind die Abb. 14 und 15 kontaktfrei?

Aufgabe 6

Konstruiere in Abb. 14 zu allen Bedingungen die Komplemente. Welche Bedingungen bezeichnen sie?

Aufgabe 7

Konstruiere in Abb. 15 das Komplement zur Bedingung „Schlüssel ist frei".

2.5 Prozesse auf kontaktfreien Netzen aus Bedingungen und Ereignissen

Im Abschnitt 2.2 wurde festgelegt, daß zu jedem Netz aus Bedingungen und Ereignissen die Angabe eines *Anfangsfalles* gehört. Ausgehend von ihm oder von irgendeinem anderen Fall, können Schritt für Schritt immer wieder Ereignisse eintreten und dadurch die jeweils erreichten Fälle verändert werden. Ein konkreter Ablauf dieser Art wird ein *Prozeß* genannt (wir unterscheiden diesen Prozeßbegriff aber von dem in 2.3 verwendeten: ein Betriebssystemprozeß ist ein System, eventuell darstellbar als Netz aus Bedingungen und Ereignissen; hier geht es dagegen um einzelne Abläufe auf Systemen bzw. Netzen). In einem Prozeß können Ereignisse wiederholt eintreten und Bedingungen sich wiederholt ändern. Man könnte nun versucht sein, einen Prozeß als die Reihenfolge der eintretenden Ereignisse zu notieren (welche Bedingungen dabei verändert werden, ergibt sich aus dem Netz). Eine solche Reihenfolge ist jedoch nicht immer gegeben: in Abb. 13 ist ein Fall dargestellt, in dem die Ereignisse „Erzeugen" und „Entnehmen" unabhängig voneinander eintreten können. Treten beide ein, so ist die Darstellung „Erst wird erzeugt, dann entnommen" genauso richtig (und falsch) wie „Erst wird entnommen, dann wird erzeugt". Abb. 13 gibt keine der beiden Reihenfolgen vor, und es empfiehlt sich, in der Darstellung eines Prozesses auch keine Reihenfolge anzugeben, sondern zu protokollieren, daß die beiden Ereignisse unabhängig voneinander eingetreten sind.

Man mag einwenden, daß „in Wirklichkeit" immer eine Reihenfolge vorliegt oder die Ereignisse „gleichzeitig" eintreten. Diese Auffassung ist indes aus zwei Gründen problematisch:

1. Sie setzt voraus, daß an jedem Ort in jeder Situation Zeitpunkte feststellbar und miteinander vergleichbar sind. Abgesehen von Einwänden der modernen Physik (die fraglichen Ereignisse mögen weit auseinanderliegen oder sich bewegen), ist es eine Frage der Präzision von Meßinstrumenten, ob zwei Ereignisse als gleichzeitig angesehen werden oder nicht.

2. Ist eine Reihenfolge im Eintritt der Eeignisse für das System wichtig, so kann sie durch geeignete Maßnahmen erzwungen werden. Durch die zusätzlichen Bedingungen b_0 und b_1 und das Ereignis e in Abb. 20 wird bei Eintritt der beiden Ereignisse „Erzeugen" und „Entnehmen" eine (beliebige) Reihenfolge erzwungen, die auch sichtbar wird: nach Eintritt des ersten der beiden Ereignisse muß zunächst e eintreten bevor das andere eintreten kann. Daraus folgt: Wo auch immer Reihenfolgen erwünscht oder erforderlich sind, können (und sollen) sie erzwungen werden. Wo dies jedoch nicht der Fall ist, soll mit ihnen nicht argumentiert werden, sondern das unabhängige (parallele, nebenläufige, nichtsequentielle, konkurrente) Eintreten von Ereignissen zur Kenntnis genommen und beschrieben werden können.

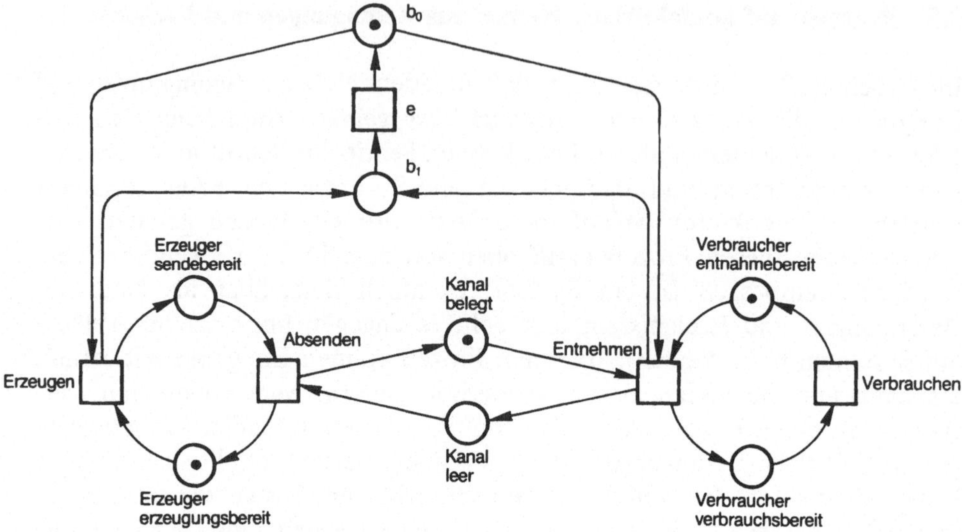

Abb. 20. Zusatz zu Abb. 18, der (beliebige) Reihenfolgen im Eintreten der Ereignisse „Erzeugen" und „Entnehmen" erzwingt

Wie kann man nun Prozesse so darstellen, daß die obigen Forderungen erfüllt sind? Wir schreiben jeden *Eintritt* eines Ereignisses als Kästchen und jedes *Erfülltsein* einer Bedingung als Kreis und geben (als Inschrift) an, um welche Ereignisse bzw. Bedingungen es sich dabei handelt. Pfeile bezeichnen dabei den kausalen Zusammenhang zwischen erfüllten Bedingungen und eintretenden Ereignissen. So beschreibt Abb. 21 einen Prozeß zu Abb. 18. Auf diese Weise können nur Prozesse auf *kontaktfreien* Netzen darge-

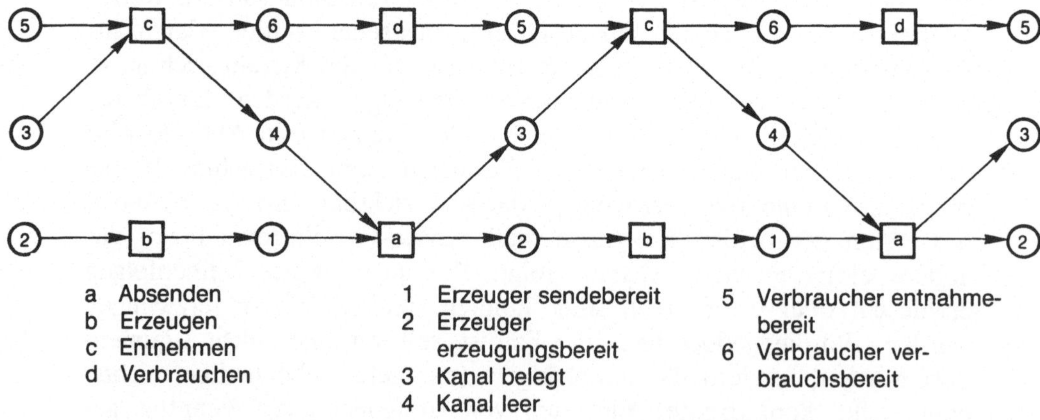

a	Absenden	1	Erzeuger sendebereit	5	Verbraucher entnahme-
b	Erzeugen	2	Erzeuger		bereit
c	Entnehmen		erzeugungsbereit	6	Verbraucher ver-
d	Verbrauchen	3	Kanal belegt		brauchsbereit
		4	Kanal leer		

Abb. 21. Prozeß zu Abb. 18

stellt werden. Im letzten Abschnitt wurde jedoch gezeigt, daß man jedes Netz aus Bedingungen und Ereignissen mit der Konstruktion von Komplementen kontaktrei machen kann. Die Beschränkung auf kontaktfreie Netze bedeutet also keine Einschränkung.

Abb. 22 zeigt ein Beispiel für diese Konstruktion.

Ein *Prozeß auf einem kontaktfreien Netz aus Bedingungen und Ereignissen* wird nach folgendem Verfahren konstruiert:
1. Zeichne für jede erfüllte Bedingung des Anfangsfalles einen Kreis und beschrifte ihn entsprechend.
2. Tritt ein Ereignis ein, so zeichne ein Kästchen und beschrifte es mit dem Ereignis.
3. Zeichne von allen vorhandenen Kreisen, die mit Vorbedingungen von e beschriftet sind und von denen noch kein Pfeil ausgeht, Pfeile zu dem neuen Kästchen.
4. Zeichne für jede Nachbedingung von e einen neuen Kreis und beschrifte ihn entsprechend.
5. Zeichne Pfeile von dem neuen Kästchen zu den neuen Kreisen.
6. Wiederhole 2.–5. so lange, wie Ereignisse eintreten.

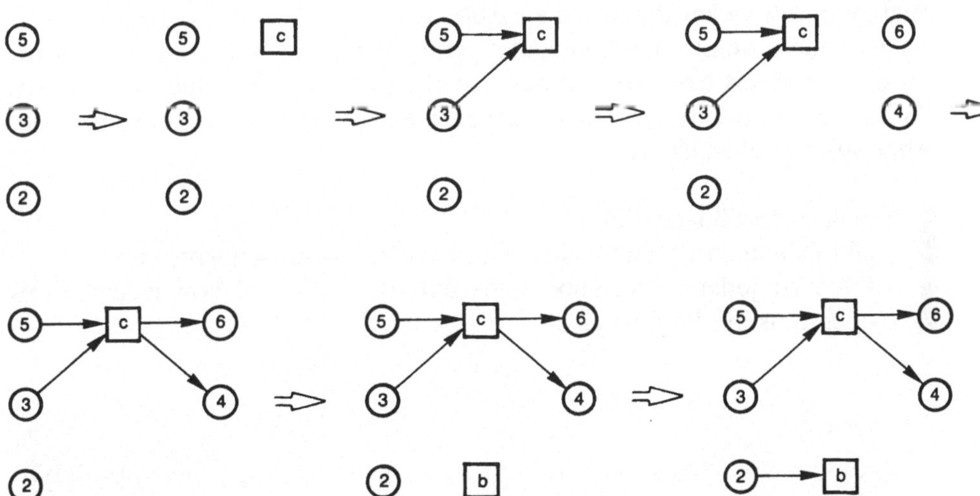

Abb. 22. Konstruktion eines Anfangsstücks von Abb. 21, gemäß den Schritten zur Konstruktion

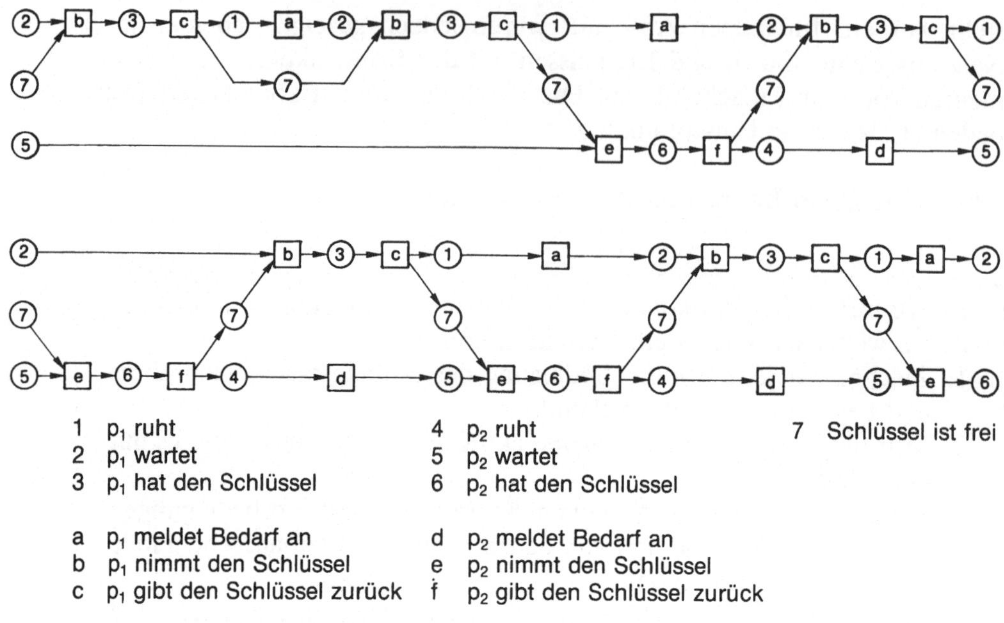

1	p_1 ruht	4	p_2 ruht	7	Schlüssel ist frei
2	p_1 wartet	5	p_2 wartet		
3	p_1 hat den Schlüssel	6	p_2 hat den Schlüssel		

a	p_1 meldet Bedarf an	d	p_2 meldet Bedarf an
b	p_1 nimmt den Schlüssel	e	p_2 nimmt den Schlüssel
c	p_1 gibt den Schlüssel zurück	f	p_2 gibt den Schlüssel zurück

Abb. 23. Zwei Prozesse zu Abb. 15

Wenn wir einen Prozeß notieren möchten, der auf Abb. 15 abläuft, so muß immer wieder eine Entscheidung darüber getroffen werden, welcher der beiden Betriebssystemprozesse jeweils den Schlüssel bekommt. Abb. 23 zeigt zwei von vielen Prozessen zu Abb. 15.

Da jedesmal, wenn eine Bedingung erfüllt wird oder ein Ereignis eintritt, ein eigener Kreis bzw. ein eigenes Kästchen notiert wird, und da in einem Prozeß die Konflikte des zugrundeliegenden Systems zugunsten einer der Alternativen gelöst ist, gilt:

In einer Prozeßdarstellung
- gibt es keinen Pfeilweg, der sich zu einen Zyklus schließt, und
- führt zu jedem Kreis höchstens *ein* Pfeil hin und von jedem Kreis höchstens *ein* Pfeil weg.

Aufgabe 8

Konstruiere einen Prozeß zu Abb. 14 und zu den in Aufgabe 2 und Aufgabe 3a verlangten Zusätzen.

Aufgabe 9

Konstruiere Prozesse zu Abb. 20 und vergleiche sie mit Abb. 21.

2.6 Weitere Beispiele

Wir diskutieren zunächst die Organisation eines kleinen (Produktions-) Systems (Abb. 24). Das System bestehe aus drei Maschinen M_1, M_2, M_3 und zwei Bedienern B_1 und B_2 und erledige Aufträge nach folgenden Vorgaben: Jeder Auftrag wird erst von M_1, danach von M_2 oder M_3 bearbeitet. Der Bediener B_1 arbeitet an M_1 und M_2, B_2 an M_1 und M_3.

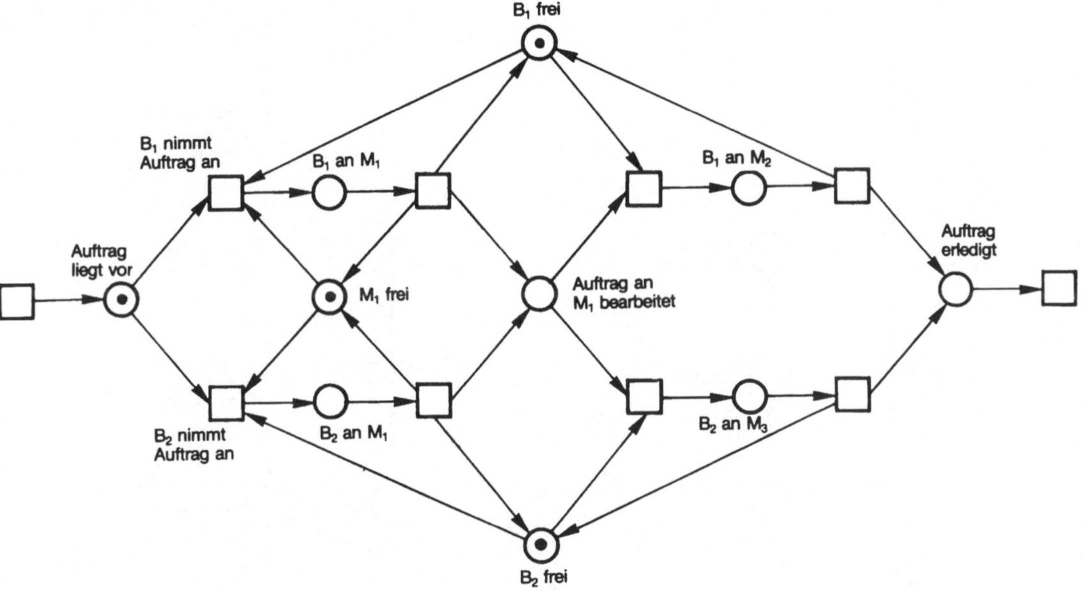

Abb. 24. Organisationsschema eines (Produktions-)Systems

Aufgabe 10

Ergänze Abb. 24 um die Bedingungen „M_2 frei" und „M_3 frei". Warum ist es nicht notwendig, diese Bedingungen einzuführen? Warum ist dennoch „M_1 frei" notwendig?

Mit dem Organisationsschema einer Tankstelle schließen wir dieses Kapitel ab. Abb. 25 stellt eine Selbstbedienungs-Tankstelle als Netz aus Bedingungen und Ereignissen mit folgenden Eigenschaften dar: Es gibt zwei Zapfsäulen Zs; zu jeder gehört ein Standplatz, so daß ein Auto nur betankt werden kann, wenn es auf diesem Platz steht und wenn die Zapfsäule freigegeben ist (grünes Blinklicht). Es gibt einen Tankwart, der nach dem Tanken kassiert und die entsprechende Zapfsäule wieder freigibt.

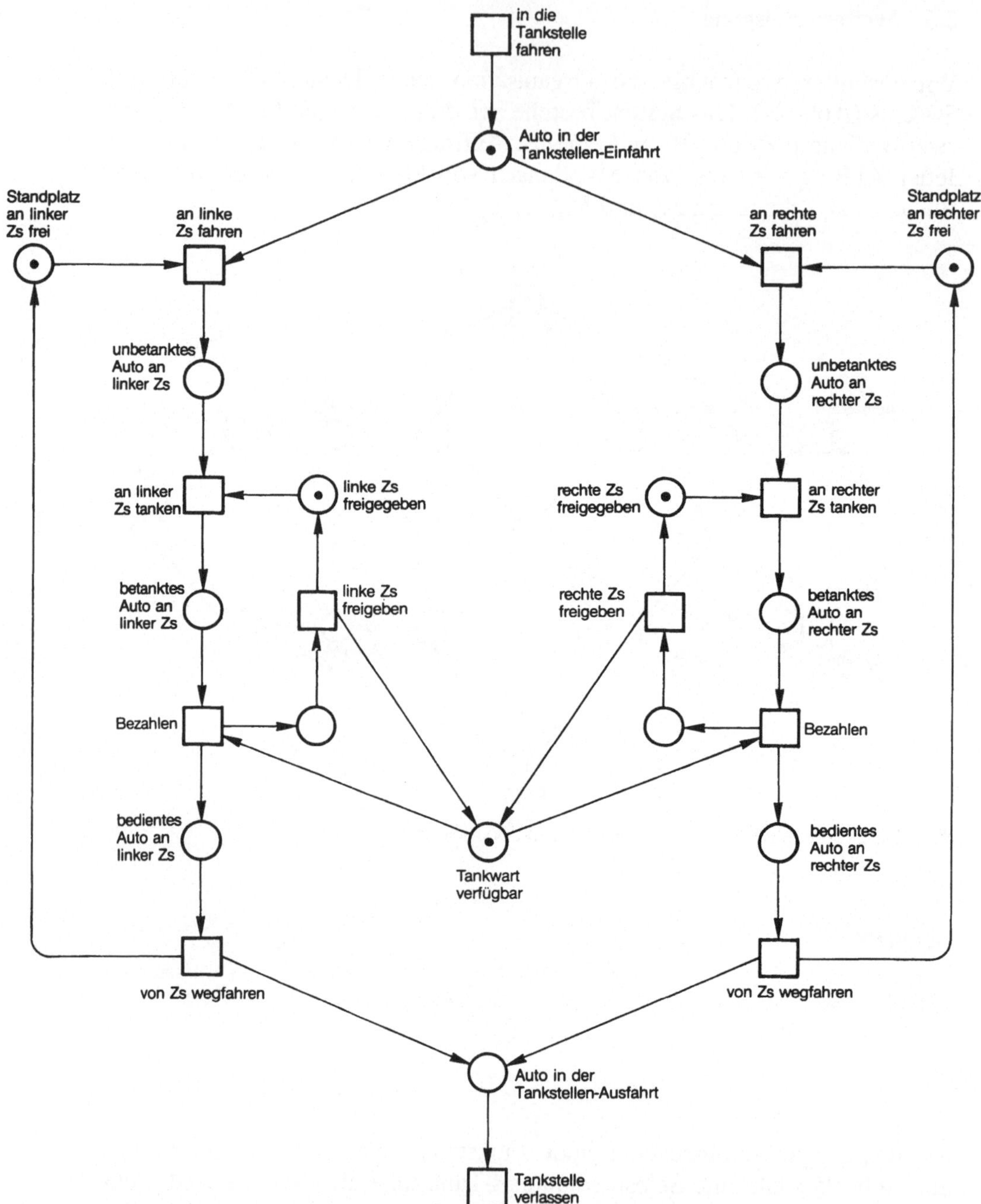

Abb. 25. Organisationsschema einer Selbstbedienungs-Tankstelle

Aufgabe 11

Ändere Abb. 25 so ab, daß
a) zu jeder Zapfsäule nun zwei Standplätze gehören;
b) zwei Tankwarte beschäftigt sind, die beide an beiden Zapfsäulen kassieren
   und die Zapfsäule freigeben können.

Aufgabe 12

Ein Fährmann soll Ziege, Wolf und Kohlkopf über einen Fluß bringen. Außer
dem Fährmann selbst paßt nur jeweils einer der drei Gegenstände ins Boot.
Stelle die Organisation der Überquerung unter der Bedingung dar, daß
1. Wolf und Ziege und
2. Ziege und Kohlkopf nie allein an einem Ufer sind.

3 Netze aus Stellen und Transitionen

3.1 Ein Beispiel

In Aufgabe 1 sollte die Abb. 11 so geändert werden, daß im Kanal *zwei*
Objekte liegen können. Dies ist ohne großen Aufwand möglich; eine
entsprechende Konstruktion für 10 oder 30 Objekte wäre jedoch recht
umständlich und unübersichtlich (Abb. 26).

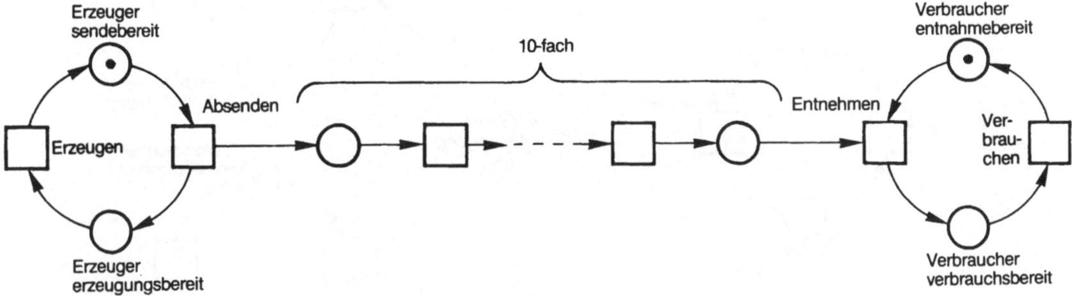

Abb. 26. Änderung von Abb. 11; der Kanal kann nun bis zu 10 Objekte aufnehmen

Wir konzentrieren deshalb diese Darstellung so, daß zwar auch weiterhin
jedes abgeschickte Objekt im Speicher als Marke notiert wird, daß aber nun
der Kanal selbst als ein einziger Kreis gezeichnet wird. Dabei lassen wir zu,
daß bis zu 10 Marken in diesem Kreis liegen. Durch „Absenden" erhöht sich
die Markenzahl um 1, durch „Entnehmen" vermindert sie sich um 1
(Abb. 27). Die genaue Lage der Objekte in Speicherzellen des Kanals ist in
Abb. 27, im Gegensatz zu Abb. 26, nicht mehr sichtbar.
In Abb. 28 wird das System aus Abb. 27 um einen zweiten Verbraucher
erweitert. Nun kann es sein, daß es bei den Verbrauchern (wie in Abb. 27
bei den erzeugten Objekten) nur auf die Anzahl ankommt, ohne daß wir sie
im einzelnen unterscheiden möchten. Dann können beide Verbraucher in
einem Netzteil zusammengefaßt werden (Abb. 29).

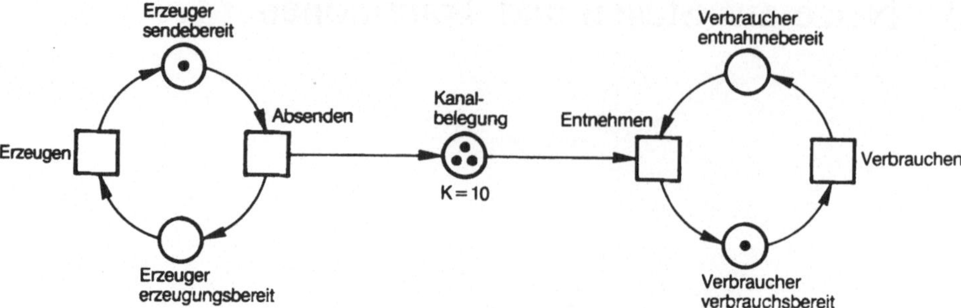

Abb. 27. Konzentrierte Darstellung von Abb. 26 mit 3 Objekten im Kanal

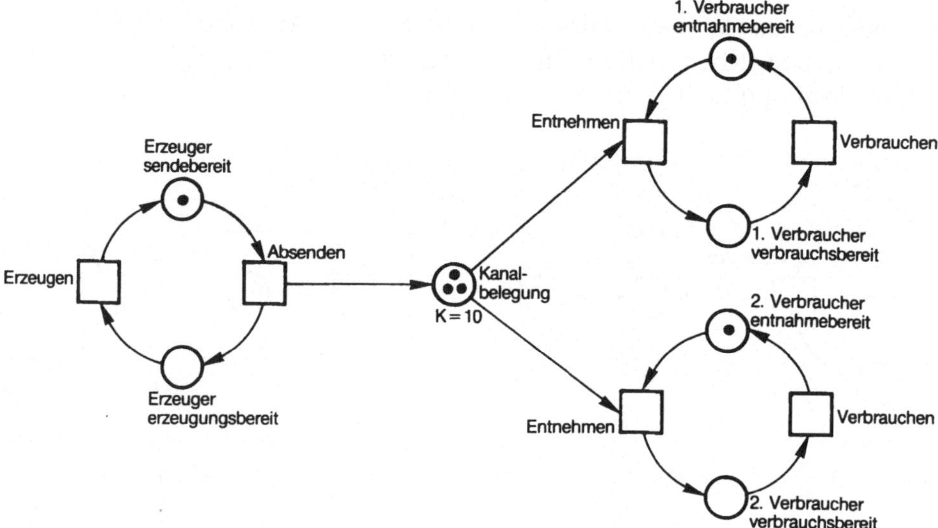

Abb. 28. Erweiterung von Abb. 27 um einen zweiten Verbraucher

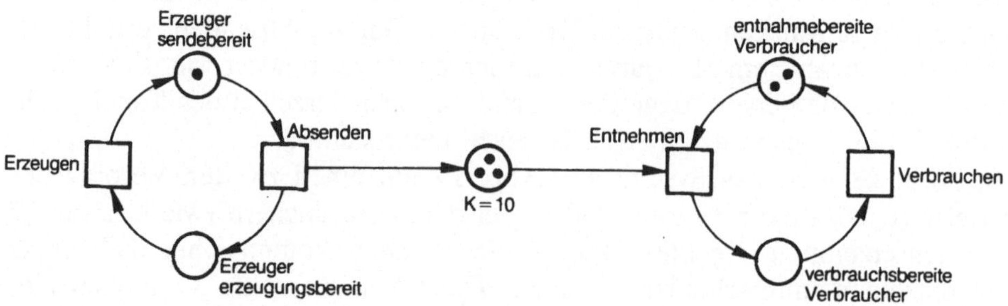

Abb. 29. Konzentration des Verbraucher-Teils von Abb. 28

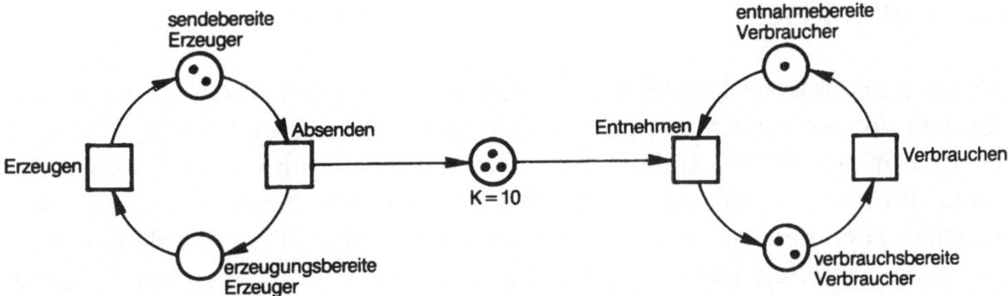

Abb. 30. Änderung von Abb. 29; es sind nun 2 Erzeuger und 3 Verbraucher beteiligt

Auf dieselbe Weise kann dargestellt werden, daß 2 Erzeuger und 3 Verbraucher an dem System beteiligt sind (Abb. 30).
Man kann nun nicht mehr von „Bedingungen" und „Ereignissen" sprechen. Stattdessen bezeichnen wir allgemeiner (das heißt auch: unverbindlicher, abstrakter) Kreise als *Stellen* und Kästchen als *Transitionen* und erklären dynamische Veränderungen mit dem *Schalten* von Transitionen nach der in Abb. 31 an einem Beispiel dargestellten Regel.

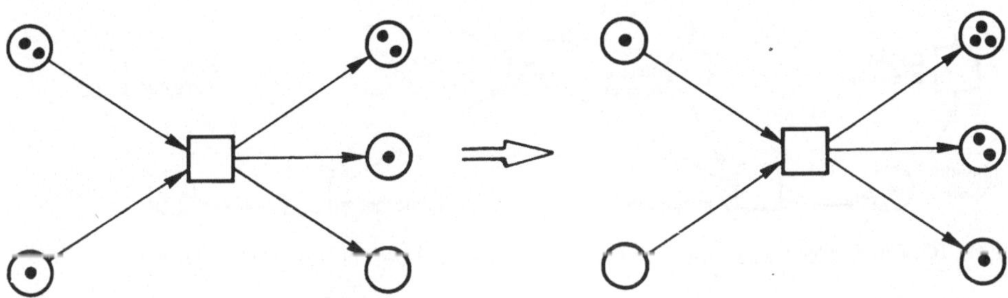

Abb. 31. Eine Transition schaltet

Nach dieser Regel entsteht Abb. 32 aus Abb. 30 durch das Schalten von „Erzeugen".

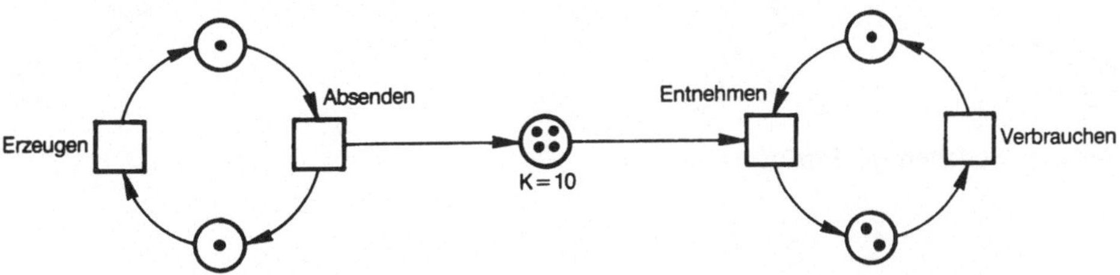

Abb. 32. Situation, nachdem in Abb. 30 die Transition „Absenden" geschaltet hat

3.2 Pfeilgewichte

Als weiteres Beispiel betrachten wir eine Änderung von Abb. 15. Wir gehen nun von *drei* Prozessen aus, die aus dem Speicher lesen und einem weiteren, der den Speicherinhalt ändert. Offensichtlich ist es sinnvoll, die leseberechtigten Prozesse unabhängig voneinander (parallel, nebenläufig) auf den Speicher zugreifen zu lassen. Der schreibberechtigte Prozeß soll natürlich nur dann zugreifen können, wenn kein anderer Prozeß aus dem Speicher liest.

Abb. 33 stellt dieses System dar. Es werden nun drei „Schlüssel" verwendet. Zum Lesen brauchen wir einen Schlüssel, zum Schreiben jedoch alle drei. Dies wird mit dem *Pfeilgewicht* „3" ausgedrückt. Eine Zahl an einem Pfeil besagt, daß beim Schalten der dazugehörigen Transition soviele Marken „durch den Pfeil fließen", wie diese Zahl angibt. Abb. 34 zeigt an einem Beispiel, wie eine Transition schaltet, wenn Pfeilgewichte berücksichtigt werden.

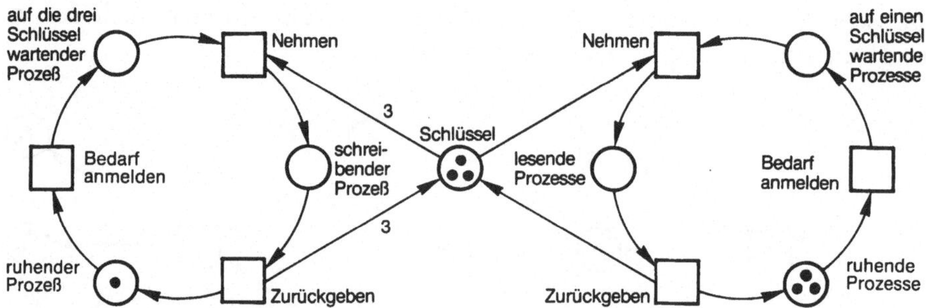

Abb. 33. Ein System aus einem schreib- und drei leseberechtigten Prozessen

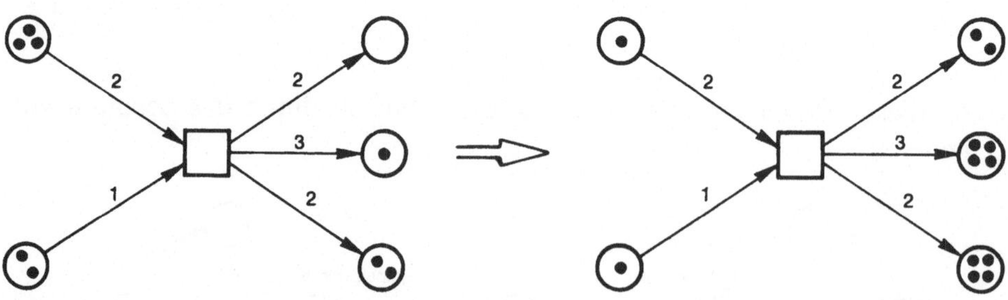

Abb. 34. Schalten mit Pfeilgewichten

3.3 Grundbegriffe

> Ein *Netz aus Stellen und Transitionen* ist gegeben durch
> - *Stellen*, dargestellt als Kreise ($\bigcirc$),
> - *Transitionen*, dargestellt als Kästchen ($\square$),
> - *Pfeile von Stellen zu Transitionen* $\bigcirc\!\!\rightarrow\!\!\square$,
> - *Pfeile von Transitionen zu Stellen* $\square\!\!\rightarrow\!\!\bigcirc$,
> - eine *Kapazitätsangabe* für jede Stelle (notiert als Anschrift K $=\ldots$),
> - ein *Gewicht* für jeden Pfeil (notiert als Zahl) und
> - eine *Anfangsmarkierung*, die für jede Stelle die Anfangszahl ihrer Marken festlegt (wobei diese Anfangszahl höchstens so groß ist wie die Kapazität).

Das Pfeilgewicht „1" kann weggelassen werden. Die Kapazität einer Stelle braucht nicht angegeben werden, wenn sie nicht wichtig ist oder nie die Gefahr besteht, daß sie überschritten wird. Eine Stelle kann insbesondere eine unbeschränkte (unendliche) Kapazität besitzen.

> In einem Netz aus Stellen und Transitionen
> - ist eine *Markierung* gegeben durch die Anzahl der Marken auf jeder Stelle;
> - liegt eine Stelle s im *Vorbereich* (bzw. im *Nachbereich*) einer Transition t, wenn es einen Pfeil $s\bigcirc\!\!\rightarrow\!\!\square t$ von s nach t (bzw. einen Pfeil $t\square\!\!\rightarrow\!\!\bigcirc s$ von t nach s) gibt;
> - ist eine Transition t *aktiviert*, wenn
>   1. für jede Stelle s aus dem Vorbereich von t gilt: das Gewicht des Pfeiles von s nach t ist nicht größer als die Markenzahl auf s,
>   2. für jede Stelle s aus dem Nachbereich von t gilt: die Markenzahl auf s, erhöht um das Gewicht des Pfeiles von t nach s, ist nicht größer als die Kapazität von s;
> - *schaltet eine aktivierte Transition t*, indem die Markenzahl auf jeder Stelle s um g vermindert wird, falls $s\bigcirc\!\!\xrightarrow{g}\!\!\square t$, und indem auf jeder Stelle s' um g' erhöht wird, falls $t\square\!\!\xrightarrow{g'}\!\!\bigcirc s$.

Formal sind die Netze aus Bedingungen und Ereignissen gleich denjenigen Netzen aus Stellen und Transitionen, die für jede Stelle die Kapazität 1 und für jeden Pfeil das Gewicht 1 haben.

Entsprechend Kapitel 2, Abschnitt 3, können wir definieren:

> Zwei Transitionen eines Netzes aus Stellen und Transitionen stehen in einem *Konflikt* miteinander, wenn beide aktiviert sind und durch das Schalten einer von ihnen die andere nicht mehr aktiviert ist.

Abb. 35 zeigt einen solchen Fall.

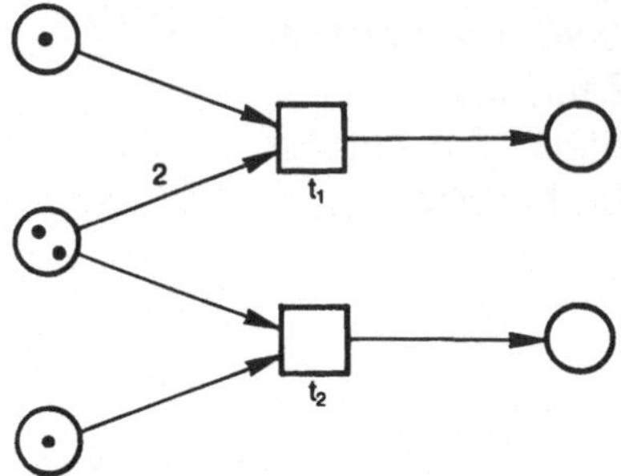

Abb. 35. Ein Konflikt zwischen t_1 und t_2

Aufgabe 13

Ändere Abb. 29 so ab, daß
– jeder Erzeuger bei jedem Absenden drei Objekte in den Kanal legt,
– jeder Verbraucher bei jedem Entnehmen zwei Objekte aus dem Kanal nimmt,
– jeweils höchstens ein Empfänger entnahmebereit ist.

Aufgabe 14

Ändere das System der lese- und schreibberechtigten Prozesse aus Abb. 33 so ab, daß jeder der vier Prozesse sowohl lesen als auch schreiben kann. Ein ruhender Prozeß entscheidet sich zunächst, ob er als nächstes zu lesen oder zu schreiben beabsichtigt. Wie in Abb. 33 kann ein Prozeß nur dann schreiben, wenn kein anderer liest.

3.4 Kontakte und ihre Vermeidung durch Komplementierung

Entsprechend Kapitel 2, Abschnitt 4, definieren wir, wann eine Kontaktsituation vorliegt:

> Unter einer Markierung M liegt bei einer Transition t ein *Kontakt* vor, wenn zwar die Stellen s der Form $s\bigcirc\!\xrightarrow{g}\!\square\, t$ mindestens g Marken enthalten, aber eine Stelle s' der Form $t\,\square\!\xrightarrow{g'}\!\bigcirc s'$ existiert, so daß die Markenzahl auf s', erhöht um g', größer ist als die Kapazität von s'. Kurz: wenn t nur wegen zu geringer Kapazität einer Stelle nicht schalten kann.

Wie bei Netzen aus Bedingungen und Ereignissen können Kontakte durch Konstruktion von Komplementen vermieden werden. Wenn die Kapazität einer Stelle s nicht unendlich ist, wird entsprechend Abb. 19 eine Stelle s' mit „umgedrehten Pfeilen" konstruiert (Abb. 36).

Ist s eine Stelle mit endlicher Kapazität in einem Netz aus Stellen und Transitionen, so wird eine neue Stelle s' als *Komplement* konstruiert, indem

- zu jedem Pfeil der Form $s\bigcirc\xrightarrow{g}\square t$ ein neuer Pfeil der Form $t\square\xrightarrow{g}\bigcirc s'$ mit demselben Kantengewicht notiert wird, und
- zu jedem Pfeil der Form $t\square\xrightarrow{g}\bigcirc s$ ein neuer Pfeil der Form $s'\bigcirc\xrightarrow{g}\square t$ mit demselben Kantengewicht notiert wird.
- Dabei setzt man die Kapazität von s' gleich der Kapazität von s und
- die Anfangsmarkierung von s' gleich der Kapazität von s' (und damit von s), vermindert um die Anfangsmarkierung von s.

Mit Komplementen kann jedes Netz aus Stellen und Transitionen kontaktfrei gemacht werden.

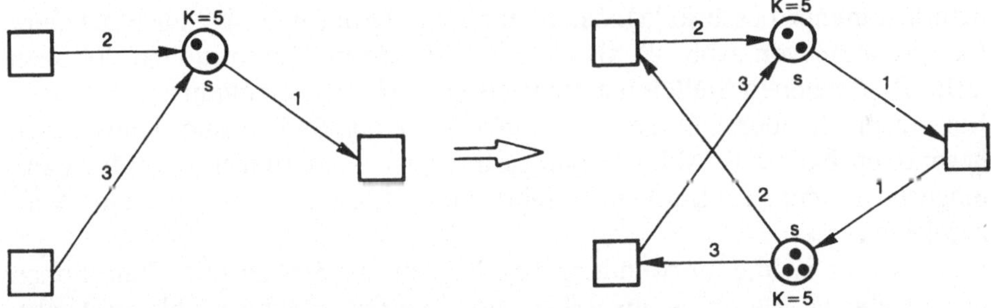

Abb. 36. Konstruktion des Komplementes einer Stelle

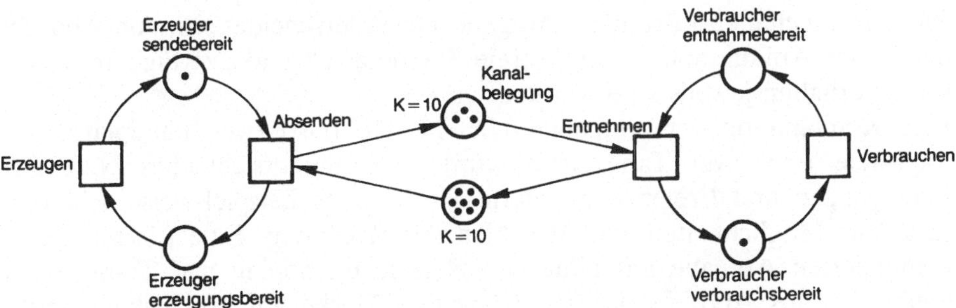

Abb. 37. Ergänzung von Abb. 27 um das Komplement des Kanals

▌ Die Konstruktion von Komplementen verändert nicht die Schaltfähigkeit
▌ von Transitionen.

Aufgabe 15

a) Konstruiere in dem aus Aufgabe 13 gewonnenen Netz zu jeder Stelle ihr Komplement (führe ggf. geeignete, d. h. das Systemverhalten nicht verändernde Kapazitäten ein).

b) Welche der in a) konstruierten Komplemente sind notwendig, um das Netz kontaktfrei zu machen und welche nicht?

3.5 Weitere Beispiele

Mit der Möglichkeit, mehr als nur eine Marke auf einer Stelle abzulegen, kann man z. B. Abb. 24 neu interpretieren, indem man zuläßt, daß sich nun mehrere Aufträge auf den entsprechenden Stellen befinden. Man ersetze dafür die Anschriften „Auftrag liegt vor", „Auftrag an M_1 bearbeitet" und „Auftrag erledigt" durch „vorliegende Aufträge", „an M_1 bearbeitete Aufträge" bzw. „erledigte Aufträge". Die Angabe einer Kapazität dieser Stellen ist möglich, kann aber auch offengelassen werden (in einem realen System, das dem Schema von Abb. 24 entspricht, ist die Kapazität dieser Stellen natürlich immer beschränkt). Man kann sich klarmachen, daß auch bei einer Interpretation von Abb. 24 als Netz aus Stellen und Transitionen die oben nicht besprochenen Stellen nie mehr als eine Marke enthalten.

Ein entsprechender Übergang zu einem Netz aus Stellen und Transitionen bewirkt im Netz aus Abb. 25 nur geringfügige Änderungen: es wäre dann möglich, in der Tankstellen-Einfahrt und -Ausfahrt mehr als ein Auto zuzulassen.

Interessanter ist die Verwendung von Netzen aus Stellen und Transitionen in Aufgabe 11. Wenn es nur auf *quantitative* Darstellungen ankommt, also beispielsweise nur wichtig ist, *wieviele* Standplätze frei sind und nicht, *welche* frei sind, zeigt Abb. 38 eine Lösung zu Aufgabe 11a.

Eine entsprechende Lösung zu Aufgabe 11b unterscheidet sich von Abb. 38 nur in der Anfangsmarkierung: „freie Standplätze" und „verfügbare Tankwarte" erhalten jeweils zwei Marken.

Eine Kombination der Aufgaben 11a und 11b (also zwei Standplätze pro Zapfsäule und zwei Tankwarte) würde ein unübersichtliches Netz aus Bedingungen und Ereignissen liefern. Es enthielte beispielsweise acht verschiedene Möglichkeiten zum Bezahlen der Rechnung. Eine Lösung dieser kombinierten Aufgabe mit Hilfe von Netzen aus Stellen und Transitionen ergibt sich aus Abb. 38 durch eine weitere Marke auf „verfügbare Tankwarte".

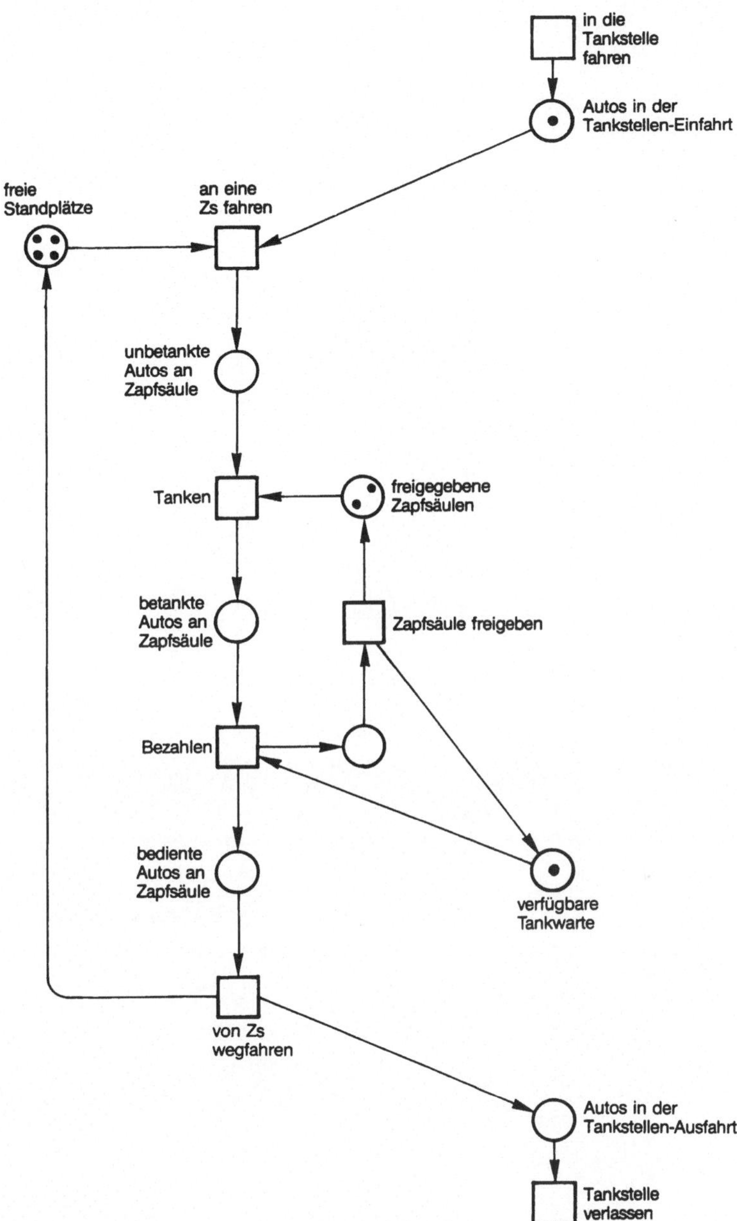

Abb. 38. Tankstelle mit zwei Zapfsäulen und zwei Stellplätzen je Zapfsäule als Netz aus Stellen und Transitionen

4 Netze mit individuellen Marken

4.1 Ein Beispiel für konstante Pfeilanschriften

Stellen wir uns einen Markt vor, auf dem sich Händler und Käufer gegenüberstehen. Die Händler bieten Waren an, die Käufer suchen Waren, die
sie benötigen. Wenn sich ein Händler und ein Käufer über eine Ware und
ihren Preis geeinigt haben, so tauschen sie Ware und Geld: ein Geschäft
wird abgewickelt. Danach kann sich der beteiligte Händler neue Ware und
der beteiligte Käufer neues Geld beschaffen und weitere Geschäfte sind
möglich.
In Abb. 39 wird eine solche Konfiguration mit einem Händler C und zwei
Käufern A und B als Netz aus Bedingungen und Ereignissen dargestellt.
Diese Darstellung zeigt, mit welchem Käufer der Händler ein Geschäft
abwickelt; sie zeigt aber nicht, welche Waren gebraucht werden, wie teuer
sie sind usw.

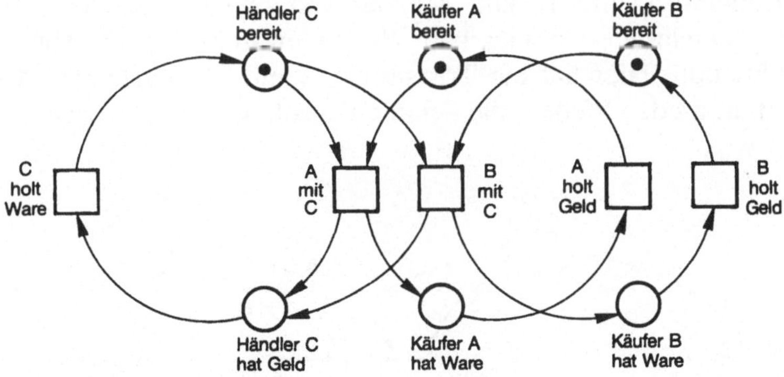

Abb. 39. Ein Markt, dargestellt als Netz aus Bedingungen und Ereignissen

Sind mehr als ein Händler und zwei Kunden an unserem Markt beteiligt,
wird die Darstellung als Netz aus Bedingungen und Ereignissen schnell
unübersichtlich. In Kapitel 3 wurde deshalb die Verwendung von Netzen

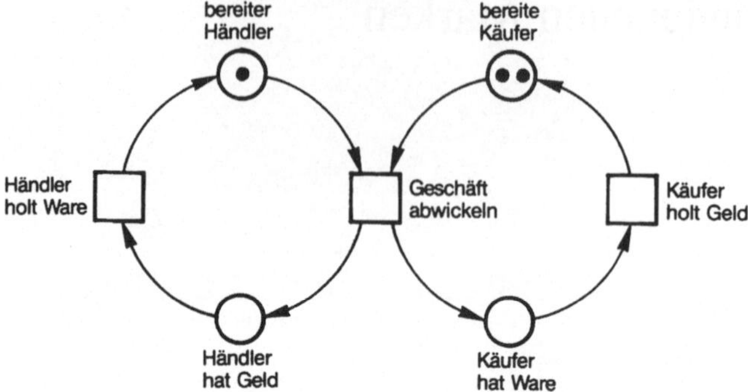

Abb. 40. Der Markt, dargestellt als Netz aus Stellen und Transitionen

aus Stellen und Transitionen vorgeschlagen. Abb. 40 zeigt ein entsprechendes Netz aus Stellen und Transitionen. Allerdings wird hier nicht sichtbar, mit welchem Käufer der Händler ein Geschäft abwickelt; die Darstellung zeigt nur, *daß* ein solches Geschäft abgewickelt wurde.

Wir möchten nun die Vorteile beider Netztypen miteinander verbinden und eine Darstellung einführen, die
– genau angibt, wer mit wem ein Geschäft abwickelt, und die
– trotzdem übersichtlich und kompakt ist.
Zu diesem Zweck stellen wir Händler und Käufer nicht mehr nur als ununterscheidbare Marken dar, sondern wir nehmen *sie selbst als Marken*: in Abb. 41 ist der Händler C selbst Marke von „bereite Händler"; die Kunden A und B sind Marken von „bereite Käufer". Wickeln A und C gemeinsam ein Geschäft ab, so entsteht die in Abb. 42 dargestellte Situation. Hier hat die Transition „A mit C" geschaltet. An deren Pfeilen (d. h. an den Pfeilen, die bei der Transition enden oder beginnen) stehen die

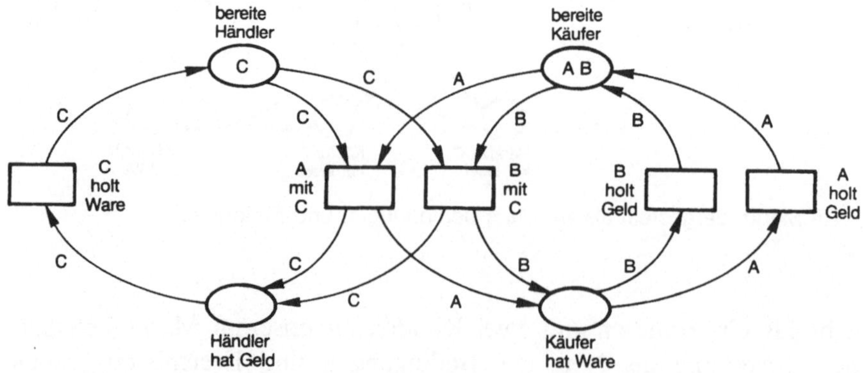

Abb. 41. Der Markt, dargestellt als Netz, in dem Händler und Käufer selbst Marken sind

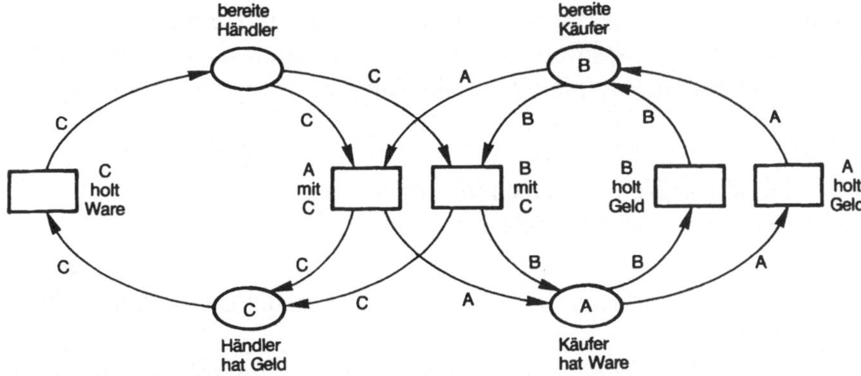

Abb. 42. Situation aus Abb. 41 nach Schalten der Transition „A mit C"

Buchstaben „A" und „C", und in Abb. 41 gilt die Regel, daß nur dann eine Marke „durch einen Pfeil fließen" darf, wenn diese Marke der Pfeilanschrift entspricht. Daraus, daß verschiedene Pfeile einer Transition dieselbe Anschrift tragen, ist ersichtlich, wohin die aus „bereite Händler" bzw. „bereite Kunden" entnommenen Marken fließen.

Abb. 43 zeigt noch einmal das Prinzip, nach dem in einem Netz mit individuellen Marken und konstanten Pfeilanschriften eine Transition schaltet.

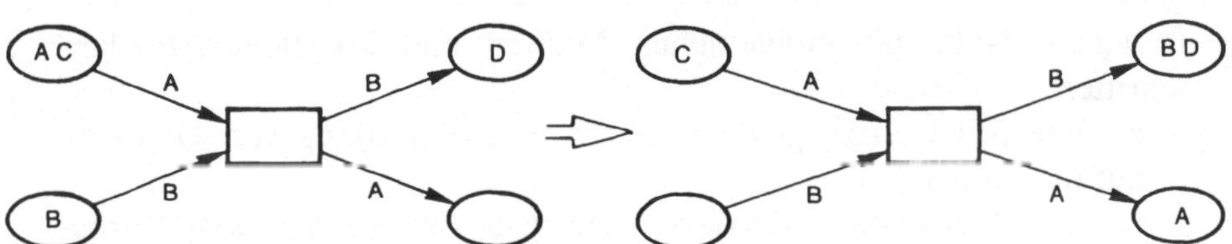

Abb. 43. Schalten einer Transition in einem Netz mit konstanten Pfeilanschriften

Um von der in Abb. 42 dargestellten Konfiguration wieder zur Anfangssituation von Abb. 41 zurück zu gelangen, müssen die beiden Transitionen „C holt Ware" und „A holt Geld" schalten.

Zusammenfassend können wir feststellen, daß es uns mit Abb. 41 und Abb. 42 gelungen ist, ohne Informationsverlust genau das darzustellen, was in Abb. 39 dargestellt ist: es wird genau angegeben, mit welchem Kunden der Händler ein Geschäft abwickelt und wer sich Ware bzw. Geld beschafft. Die Zahl der Stellen hat sich gegenüber Abb. 39 (um zwei) verringert, die Zahl der Transitionen ist unverändert.

Wenn man den Markt um weitere Händler und Käufer ergänzt, erhält Abb. 41 weitere Transitionen, aber keine weiteren Stellen. In Abschnitt 4.4 werden wir sehen, wie man auch die Zahl der Transitionen verringern kann.

4.2 Grundbegriffe für Netze mit individuellen Marken und konstanten Pfeilanschriften

Ein *Netz mit individuellen Marken und konstanten Pfeilanschriften* ist gegeben durch
- *Stellen, Transitionen* und *Pfeile* wie in einem Netz aus Stellen und Transitionen (vgl. Abschnitt 3.3),
- individuelle, unterscheidbare *Objekte,* die als Marken durch das Netz fließen können,
- eine *Anfangsmarkierung,* die für jede Stelle festlegt, welche Objekte sie zu Beginn enthält, und
- eine *Anschrift* an jedem Pfeil, die ein individuelles Objekt kennzeichnet.

Wie bei Netzen aus Stellen und Transitionen ist der Vor- und Nachbereich einer Stelle oder Transition erklärt.

In einem Netz mit individuellen Marken und konstanten Pfeilanschriften
- ist eine *Markierung* gegeben durch eine Verteilung von Objekten auf die Stellen;
- ist eine Transition *t aktiviert,* wenn jede Stelle *s* aus dem Vorbereich von *t* dasjenige Objekt enthält, das die Anschrift des Pfeiles von *s* nach *t* bezeichnet;
- *schaltet eine aktivierte Transition t,* indem
  1. jeder Stelle *s* aus dem Vorbereich von *t* das Objekt entnommen wird, das der Pfeil von *s* nach *t* angibt, und
  2. jede Stelle *s'* aus dem Nachbereich von *t* das Objekt erhält, das der Pfeil von *t* nach *s'* angibt.

Aufgabe 16

a) Wieviele verschiedene Markierungen sind in Abb. 41 erreichbar?

b) Ändere Abb. 41 so, daß nun *zwei* Händler da sind. Jeder Händler kann mit jedem Käufer Geschäfte abwickeln.

4.3 Weitere Möglichkeiten für konstante Pfeilanschriften

In Abschnitt 4.1 wurde gezeigt, wie diejenigen Objekte, die als Marken auf
Stellen liegen können, auch als Pfeilanschriften auftreten. Dabei ist es
durchaus zulässig, daß Objekte auch „aus dem Nichts" entstehen oder
„spurlos" verschwinden können. Als Beispiel dient uns wieder das Erzeuger/Verbraucher-System, das wir in den Kapiteln 1 und 2 verwendet haben
(vgl. Abb. 11).
In Abb. 44 sind der Erzeuger E und der Verbraucher V individuell als
Marken dargestellt, und wir gehen davon aus, daß jeweils einer von drei
Gegenständen A, B oder C produziert wird. In der dargestellten Markierung liege ein produzierter Gegenstand zum Absenden bereit. Mit dem
Absenden von „A" entsteht Abb. 45. Nachdem die Marke E wieder die
Stelle „Erzeuger erzeugungsbereit" erreicht hat, kann durchaus noch einmal

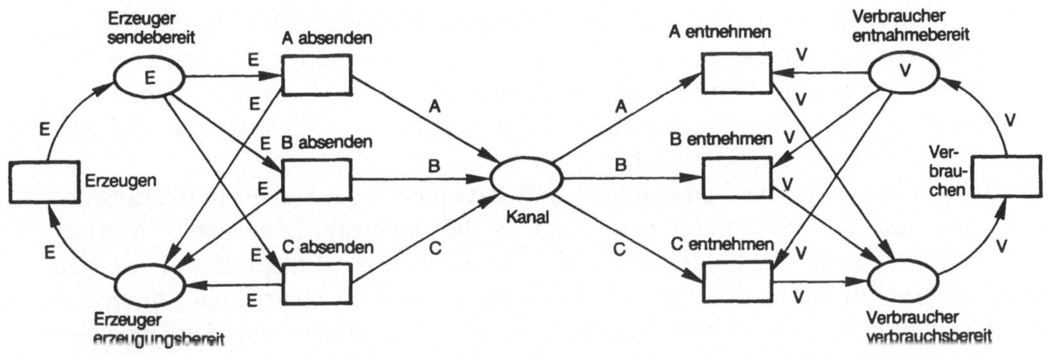

Abb. 44. Das Erzeuger/Verbraucher-System mit individuellen Marken

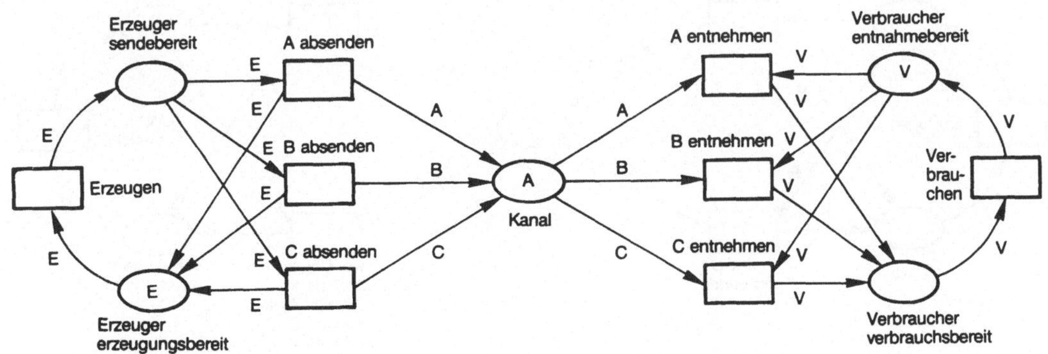

Abb. 45. Nach Erzeugen des Objekts A

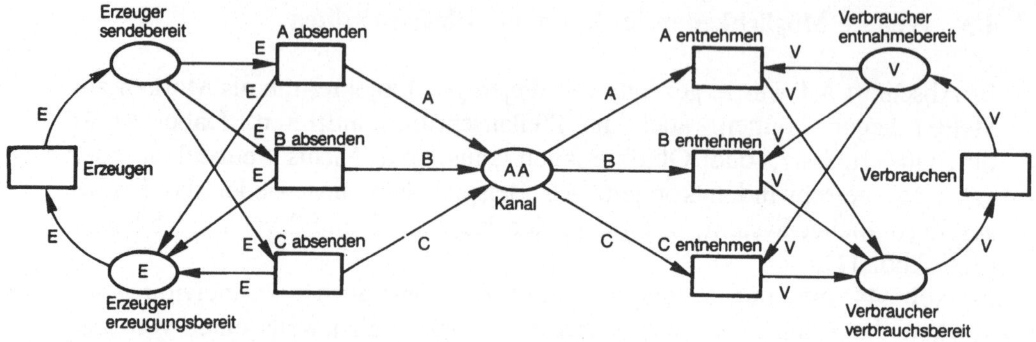

Abb. 46. Ein zweites Objekt des Typs A ist erzeugt worden

ein Objekt vom Typ A erzeugt werden. Es entsteht dann Abb. 46. Will man so etwas verbieten, muß man entweder für den Kanal eine generelle Kapazität festlegen (K = 1 würde besagen, daß höchstens eine Marke, egal für welchen Objekttyp, zulässig ist) oder für jeden Objekttyp eine Kapazität vorsehen ($K_A = 1$, $K_B = 1$, $K_C = 2$ würde beispielsweise besagen, daß für Objekte vom Typ A und B höchstens jeweils eine, und für Objekte vom Typ C höchstens zwei Marken zugelassen sind). Wichtig ist, daß im allgemeinen auch mehrere Objekte desselben Typs zugelassen sind, und zwar auf verschiedenen Stellen oder auch auf ein und derselben Stelle.

Der Übergang von Bedingungen und Ereignissen zu Stellen und Transitionen hat es uns ermöglicht, einer Stelle mehrere „schwarze" Marken (◉) zugleich zu entnehmen oder hinzuzufügen. Entsprechend werden wir nun zulassen, daß mehrere individuelle Marken einer Stelle durch das Schalten einer Transition bewegt werden. Dazu ändern wir das Erzeuger/Verbraucher-System aus Abb. 44 so, daß nun bei jedem Sendevorgang

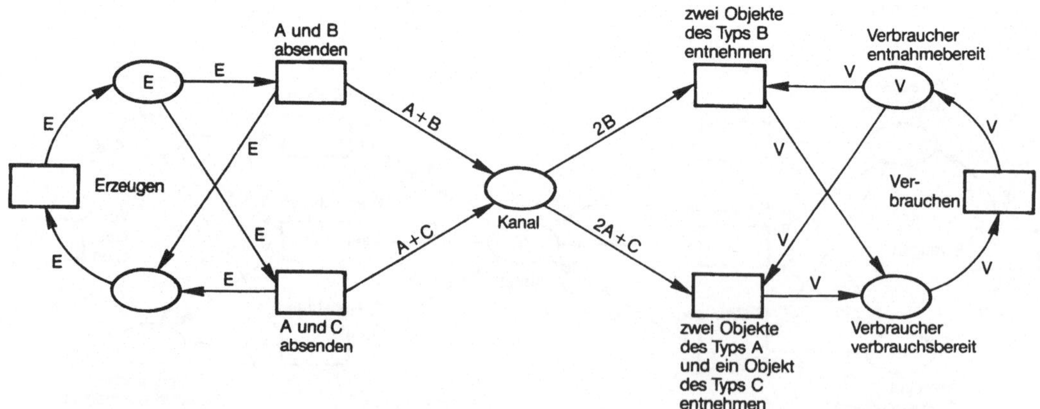

Abb. 47. Das Erzeuger/Verbraucher-System mit mehrfachem Erzeugen und Verbrauchen

entweder jeweils ein Objekt vom Typ A und B gesendet wird oder jeweils ein Objekt vom Typ A und C. In Abb. 47 wird dies dadurch dargestellt, daß die am Kanal endenden Pfeile *zwei* Objekte als Anschrift tragen, der eine Pfeil „A+B", der andere „A+C". Der Verbrauch ist nun so organisiert, daß in jedem Entnahmeschritt entweder zwei Objekte vom Typ B entnommen werden oder aber zwei Objekte vom Typ A und ein Objekt vom Typ C. Dargestellt wird dies durch die Anschriften „2B" bzw. „2A+C".

Durch eine weitere Änderung der Abb. 44 soll erreicht werden, daß
1. nur Objekte eines Typs A erzeugt werden,
2. zwei Verbraucher V_1 und V_2 vorhanden sind und
3. der Erzeuger festlegt, welcher der beiden Verbraucher das jeweils erzeugte Objekt bekommen soll: eine Marke kann nun auch ein Paar (A,V_1) oder (A,V_2) sein. Abb. 48 zeigt das entsprechende System mit einer Markierung, in der nur der Verbraucher V_1 das Objekt A verbrauchen kann, V_2 jedoch nicht.

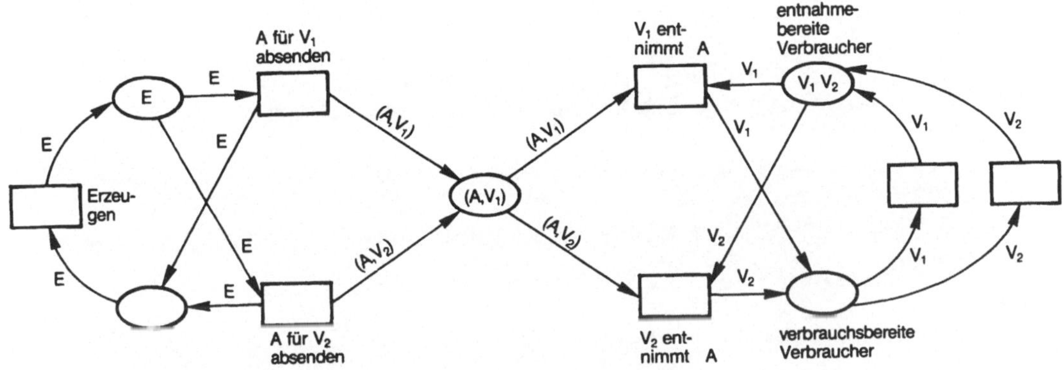

Abb. 48. Das Erzeuger/Verbraucher-System mit vorgegebenem Verbraucher

In Netzen mit individuellen Marken kann es manchmal günstig sein, daß eine Stelle *s* sowohl im Vor- als auch im Nachbereich einer Transition *t* liegt:

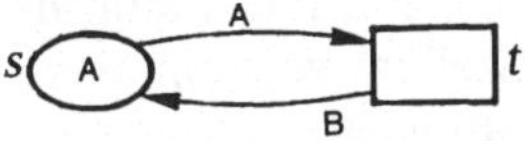

Wenn *t* schaltet, wird der Stelle *s* A entnommen und B hinzugefügt. Eine solche Konfiguration nennt man eine *Schlinge*. Ein Anwendungsbeispiel dafür ist das System der vier Jahreszeiten aus Abb. 14. In Abb. 49 ist es dargestellt als Netz mit individuellen Marken: jede der vier Jahreszeiten kann als Marke vorkommen.

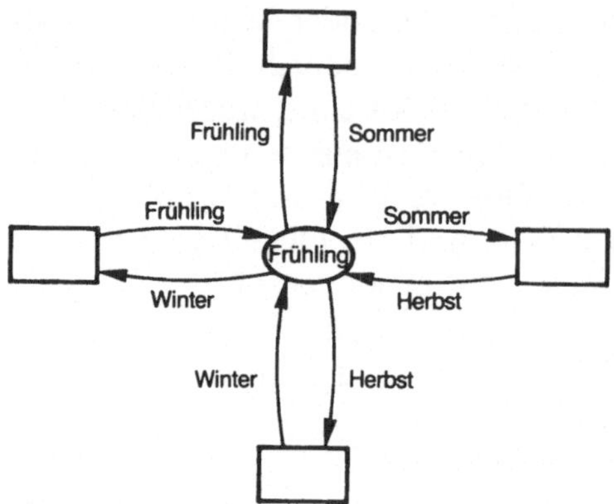

Abb. 49. Das System der vier Jahreszeiten als Netz mit individuellen Marken

Aufgabe 17

Ergänze Abb. 49 so, daß auch die in Abb. 14 dargestellte Bedingung „Es ist Winter oder Frühling" sichtbar wird.

Aufgabe 18

Löse Aufgabe 12 mit einem Netz, in dem Fährmann, Ziege, Wolf und Kohlkopf individuelle Marken sind. Das Netz soll möglichst wenig Stellen enthalten.

Aufgabe 19

Überführe Abb. 24 in ein Netz mit individuellen Marken und möglichst wenigen Stellen.

Aufgabe 20

Überführe Abb. 25 in ein Netz mit individuellen Marken und möglichst wenigen Stellen.

4.4   Ein Beispiel für variable Pfeilanschriften

Wir betrachten wieder den Markt aus Abschnitt 4.1 und lassen nun mehr als einen Händler und zwei Käufer an ihm teilhaben. Stellen wir einen so vergrößerten Markt als Netz mit konstanten Pfeilanschriften, also als Erweiterung von Abb. 41, dar, so bleibt die Zahl der Stellen gleich und erhöht sich die Zahl der Marken um eine für jeden weiteren Beteiligten. Die Zahl der Transitionen aber steigt schnell: In Abb. 41 brauchten wir für einen Händler und zwei Käufer fünf Transitionen. Für einen weiteren Händler D wären drei zusätzliche Transitionen („A mit D", „B mit D" und „D holt Ware") notwendig. Bei insgesamt 4 Händlern und 5 Käufern entstünde ein Netz mit 29 Transitionen!

Wir suchen deshalb nach einer Darstellung, die bei zusätzlichen Händlern oder Käufern lediglich mehr Marken erhält, das zugrundeliegende Netz ansonsten aber unverändert läßt.

Eine solche Darstellung ist aufgrund der Beobachtung möglich, daß in Abb. 41 die Transitionen „A holt Geld" und „B holt Geld" denselben Vor- und denselben Nachbereich haben. Beide Transitionen überführen jeweils einen der Käufer A oder B in einen verkaufsbereiten Zustand. Das Schalten dieser Transitionen besagt, daß einer der Kunden x Geld holt, wobei entweder x = A oder x = B. Gemäß dieser Idee konstruieren wir nun eine Transition „x holt Geld" (Abb. 50) und schalten diese Transition *in bezug auf* einen der Kunden A oder B. Das bedeutet, daß vor ihrem Schalten die Variable x an den Pfeilen, die bei „x holt Geld" anfangen oder enden, durch A oder B ersetzt wird. Anschließend wird sie wie in einem Netz mit konstanten Pfeilanschriften geschaltet. Wird also x durch A ersetzt, schaltet „x holt Geld" wie „A holt Geld". Wird hingegen x durch B ersetzt, schaltet „x holt Geld" wie „B holt Geld". Abb. 51 zeigt diesen Übergang.

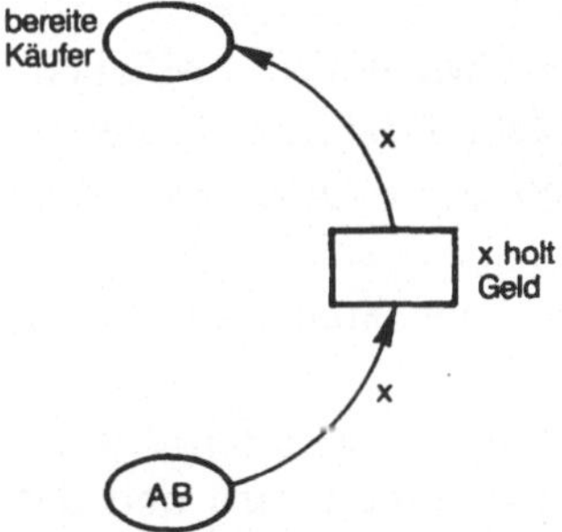

Abb. 50. Konstruktion einer Transition mit der Variablen x

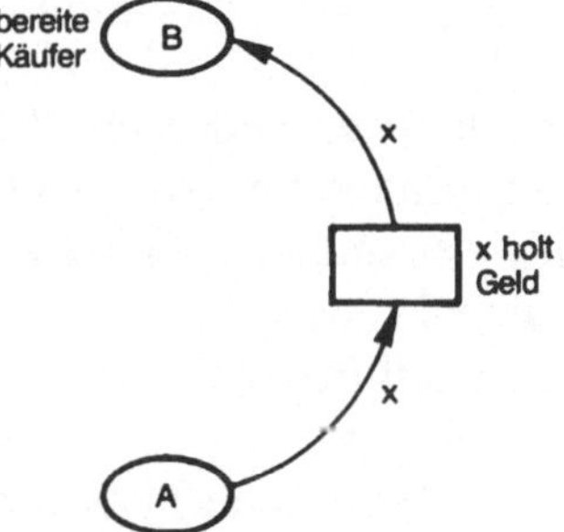

Abb. 51. Situation aus Abb. 50, nachdem die Transition „x holt Geld" in bezug auf B geschaltet hat

Der Vorteil dieser Technik ist klar: wenn weitere Kunden am Markt beteiligt sind, beispielsweise neben A und B noch weitere drei, so müssen nicht fünf „ . . . holt Geld"-Transitionen gezeichnet werden, sondern nur die in Abb. 50 gezeigte. Die beteiligten Stellen können nun jeden der fünf Kunden als Marke enthalten.

Ebenso, wie wir eine Transition „x holt Geld" eingeführt haben, können wir für den oder die Händler eine Transition „y holt Ware" konstruieren, wobei zum Schalten dieser Transition die Variable y durch einen Händler ersetzt werden muß.

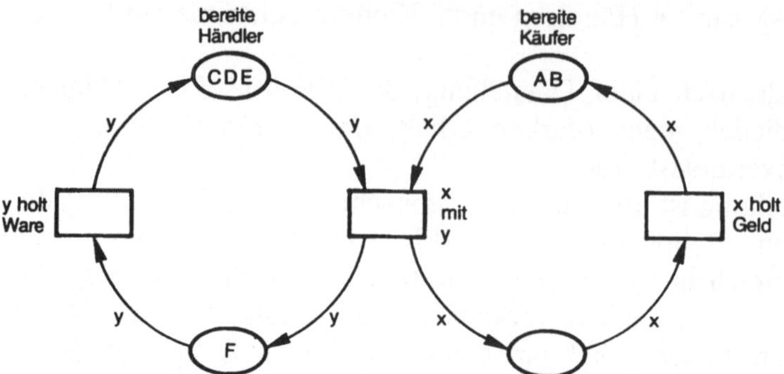

Abb. 52. Der Markt mit zwei Käufern und vier Händlern

Schließlich fassen wir diejenigen Transitionen zu einer einzigen zusammen, die die Abwicklung eines Geschäftes zwischen einem Kunden x und einem Händler y darstellen (Abb. 52).

Hier stehen an den Pfeilen der Transition „x mit y" nun *zwei* Variablen x und y. Zum Schalten dieser Transition muß x durch einen Käufer und y durch einen Händler ersetzt werden. So kann „x mit y" in Abb. 52 schalten, wenn x durch A oder B und y durch C oder D oder E ersetzt wird. Abb. 53 zeigt diesen Übergang, wenn x durch B und y durch D ersetzt wird. Mit den Variablen x und y als Pfeilanschriften haben wir nun die Möglichkeit, den in Abb. 39 dargestellten Markt in einem Netz darzustellen, das

– alle Informationen von Abb. 39 enthält, insbesondere genau sichtbar macht, wer mit wem Geschäfte abwickelt,

– so kompakt wie Abb. 40 ist, also lediglich aus vier Stellen und drei Transitionen besteht, und

– die Beteiligung weiterer Händler und Käufer am Markt dadurch ermöglicht, daß jede neue Person als neue Marke aufgenommen wird und das Netz nicht verändert werden muß.

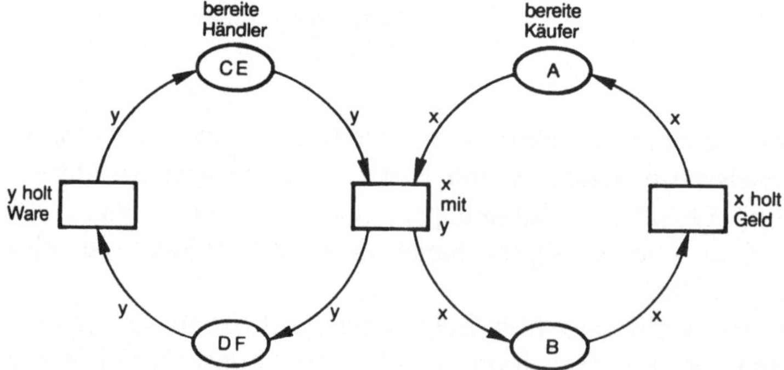

Abb. 53. Situation aus Abb. 52, nachdem „x mit y" in Bezug auf x=A und y=D geschaltet hat

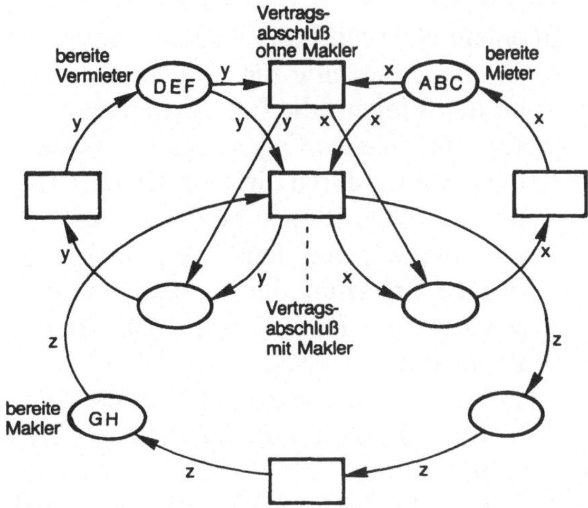

Abb. 54. Mietwohnungsmarkt mit möglicher Beteiligung von Maklern

Als weiteres Beispiel betrachten wir einen Markt für Mietwohnungen. Hier ist neben Vermietern und Mietern eine dritte Personengruppe beteiligt: die Makler. Wenn ein Mietvertrag abgeschlossen wird, ist die Beteiligung eines Maklers möglich, aber nicht zwingend. Abb. 54 zeigt diese Organisation für drei Mieter, drei Vermieter und zwei Makler.

4.5 Grundbegriffe für Netze mit individuellen Marken und variablen Pfeilanschriften

Ein *Netz mit individuellen Marken und variablen Pfeilanschriften* ist gegeben durch
- *Stellen, Transitionen, Pfeile* und eine *Anfangsmarkierung* aus individuellen Objekten, wie sie schon in Abschnitt 4.2 für Netze mit konstanten Pfeilanschriften verlangt werden, und
- eine Variable x, y, z o.ä. als *Anschrift* an jedem Pfeil.

Wie bei Netzen mit konstanten Pfeilanschriften ist der Vor- und Nachbereich einer Stelle oder Transition erklärt und ist eine Markierung durch eine Verteilung von Objekten auf die Stellen gegeben.

In einem Netz mit individuellen Marken und variablen Pfeilanschriften
- ist eine *Ersetzung für eine Transition t* dadurch gegeben, daß man an den Pfeilen, die bei t beginnen oder enden, jede Variable durch ein individuelles Objekt ersetzt, wobei mehrfach auftretende Variablen überall durch ein und dasselbe Objekt ersetzt werden;
- ist eine Transition t in *Bezug auf eine Ersetzung aktiviert,* wenn jede Stelle s aus dem Vorbereich von t dasjenige Objekt enthält, das die Ersetzung der Variablen an dem Pfeil von s nach t angibt;
- *schaltet eine Transition t,* die in Bezug auf eine Ersetzung aktiviert ist, indem
  1. jeder Stelle s aus dem Vorbereich von t das Objekt entnommen wird, durch das die Variable des Pfeiles von s nach t ersetzt wird, und
  2. jede Stelle s' aus dem Nachbereich von t das Objekt erhält, durch das die Variable des Pfeiles von t nach s' ersetzt wird.

Abb. 55 zeigt noch einmal ein Beispiel dafür, wie mit variablen Pfeilanschriften geschaltet wird. In der dargestellten Konfiguration schaltet t mit $x = B$ und $y = C$. Eine andere Möglichkeit gibt es nicht.

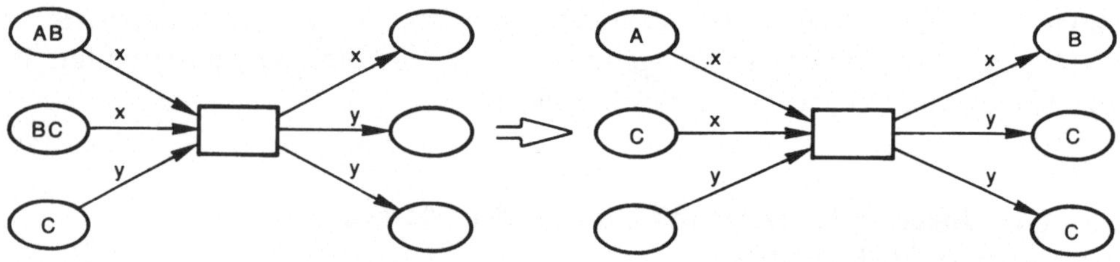

Abb. 55. Schalten mit variablen Pfeilanschriften

In den Beispielen aus Abschnitt 4.4 sind die Anschriften der Pfeile immer so organisiert, daß ein Objekt (z. B. Käufer A) überall nur eine einzige Variable ersetzen kann. Dies ist so nicht immer möglich. Als Beispiel betrachten wir einen Markt, auf dem jede der beteiligten Person abwechselnd die Rolle eines Händlers und eines Käufers übernimmt: wer zuletzt einen Gegenstand erworben hat, verkauft ihn wieder; wer zuletzt etwas verkauft hat, kauft nun etwas Neues. Abb. 56 zeigt dieses System für fünf Personen. Offenbar hat t_0 zuletzt mit $x = B$ und $y = D$ geschaltet. Nun kann t_1 mit $y = B$ und t_2 mit $x = D$ schalten, danach wieder t_0, nun mit $x = D$ und $y = B$.

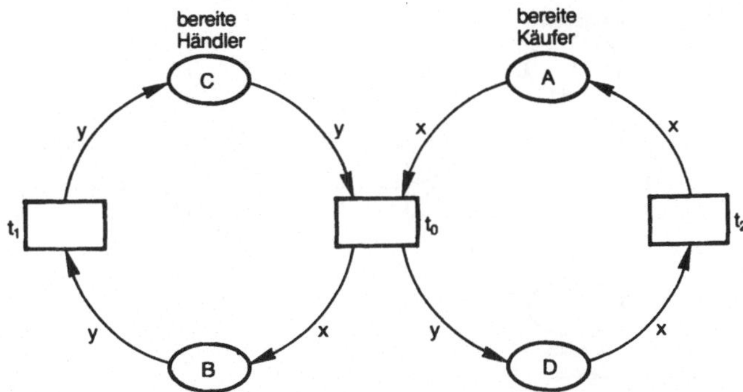

Abb. 56. Die beteiligten Personen treten abwechselnd als Händler und Käufer auf

4.6 Weitere Möglichkeiten für variable Pfeilanschriften

In Abschnitt 4.3 wurde gezeigt, daß konstante Pfeilanschriften auch zusammengesetzt werden können. Es können mehrere Objekte an einem Pfeil stehen (Abb. 47), die gemeinsam „durch den Pfeil" fließen, wenn die angeschlossene Transition schaltet. In Abb. 48 werden Paare von Objekten gebildet und auf diese Weise zwei Objekte zu einer einzigen Marke kombiniert. Entsprechende Konstruktionen sind auch mit anderen Anschriften möglich.

Wir betrachten zunächst, wie in Abschnitt 4.3, Objekte, die „aus dem Nichts" entstehen oder „spurlos" verschwinden können. Der zweite Fall macht keine Schwierigkeiten. In $s\bigcirc\!\!\xrightarrow{\;x\;}\!\!\square\,t$ verschwindet beim Schalten von t irgendeines der Objekte aus s, wenn kein weiterer mit t verbundener Pfeil die Anschrift x trägt. Entsprechend wird in $t\,\square\!\!\xrightarrow{\;x\;}\!\!\bigcirc s$ ein beliebiges Objekt erzeugt und auf s abgelegt. Nun soll im allgemeinen nicht irgendein völlig beliebiges Objekt erzeugt werden, sondern eines, das gewisse Eigenschaften hat. Diese Eigenschaften können *in der Transition* t angegeben werden.

Als Beispiel betrachten wir wieder das Erzeuger/Verbraucher-System aus Abb. 11, nun in einer speziellen Verwendung zur Übertragung von Nachrichten. Aus „Absenden" wird „Senden", aus „Entnehmen" wird „Empfangen". Es soll darauf ankommen, daß auch der Inhalt der Nachricht berücksichtigt wird, wobei wir voraussetzen, daß 4-Bit-Nachrichten (aus vier Zeichen „0" oder „1" zusammengesetzte Nachrichten) übertragen werden. Abb. 57 zeigt ein entsprechendes Netz. Die Transition „Senden" kann nun mit $x = A$ und einer beliebigen 4-Bit-Nachricht für y schalten. Mit $y = 0110$ entsteht die in Abb. 58 dargestellte Markierung. Als weitere Ergänzung von Abb. 11 gibt es einen Speicher, der alle empfangenen Nachrichten auf-

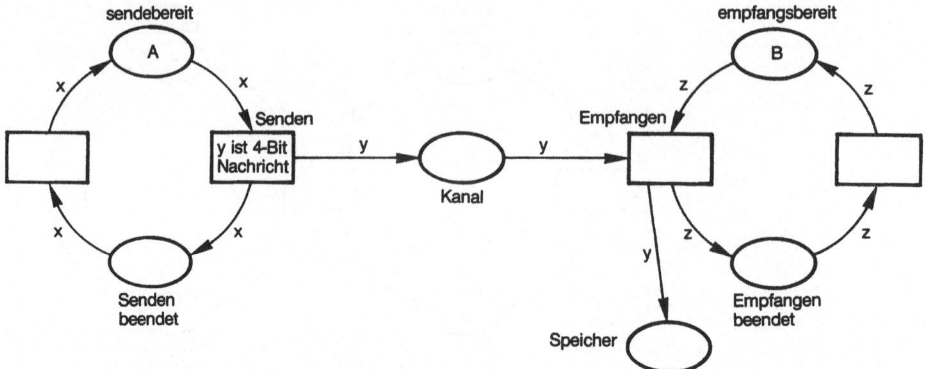

Abb. 57. Übertragen und Zählen von Nachrichten bei Berücksichtigung ihres Inhaltes

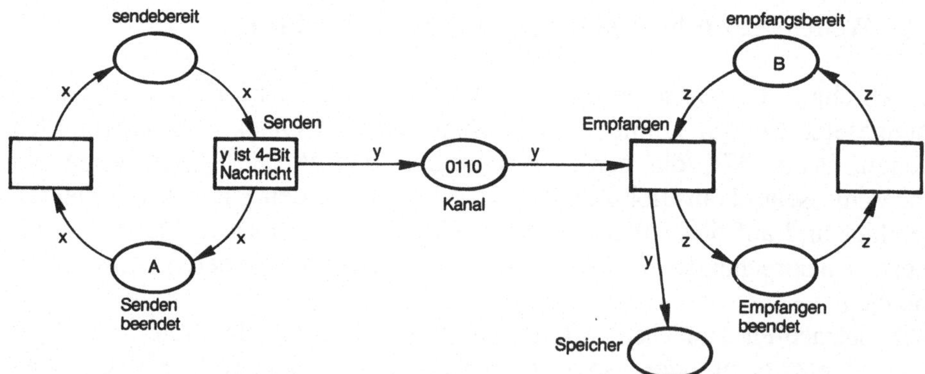

Abb. 58. Situation, nachdem in Abb. 57 „Senden" mit x = A und y = 0110 geschaltet hat

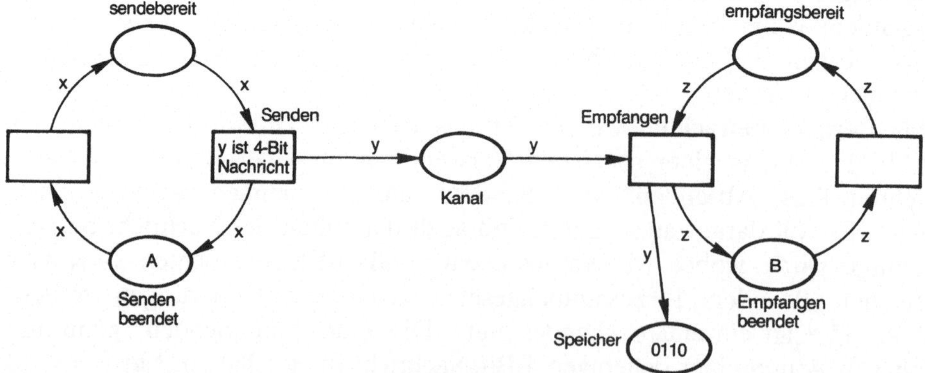

Abb. 59. Situation, nachdem in Abb. 58 „Empfangen" mit z = B und y = 0110 geschaltet hat

Aufgabe 21

Wähle für Abb. 57 andere Anschriften, so daß das Verhalten gleich bleibt, aber die Zahl der verwendeten Variablen
a) möglichst groß,
b) möglichst klein ist.

nimmt. So entsteht aus Abb. 58 durch Schalten von „Empfangen" mit $y = 0110$ und $z = B$ die in Abb. 59 gezeigte Situation.

Die Variablen in Abb. 57 sind so gewählt, daß x immer durch A, z durch B und y durch eine 4-Bit-Nachricht ersetzt wird. Selbstverständlich ist dies nicht zwingend.

Mehrere Variablen als Anschrift an einem Pfeil zeigt Abb. 60. Wenn die Transition „Empfangen" schaltet, werden in einem Schritt dem Kanal zwei 4-Bit-Nachrichten entnommen und im Speicher abgelegt. Diese beiden Nachrichten können gleich oder verschieden sein. Hingegen kann in Abb. 61 „Empfangen" nur dann schalten, wenn eine Nachricht im Kanal doppelt vorkommt. Dann werden beide Exemplare dem Kanal entnommen, aber nur eines im Speicher abgelegt.

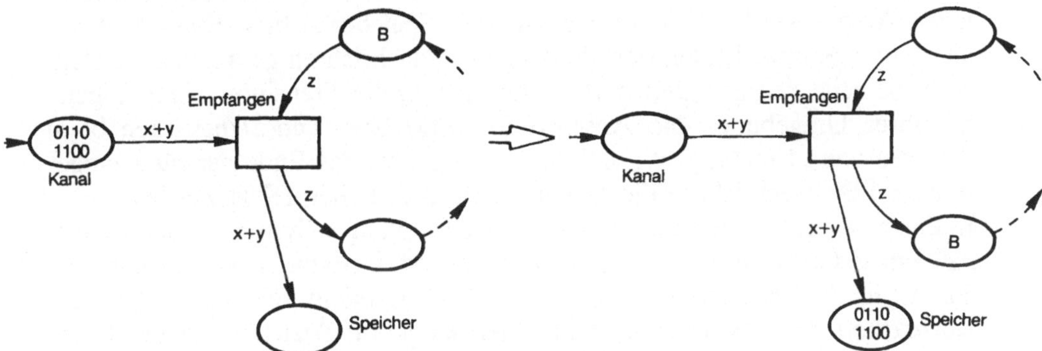

Abb. 60. Empfang von jeweils zwei Nachrichten

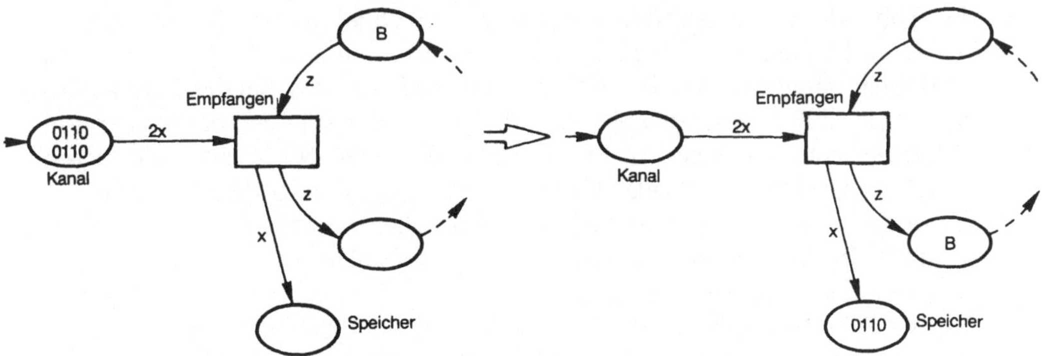

Abb. 61. Empfang doppelter Nachrichten

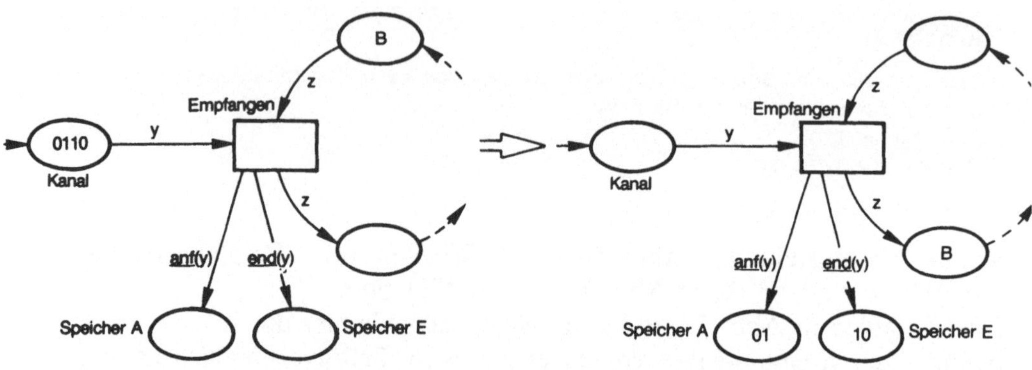

Abb. 62. Trennung der empfangenen Nachrichten in Anfang und Ende

Um eine weitere Art von Pfeilanschriften kennenzulernen, verändern wir das Sender/Empfänger-System folgendermaßen: Jede gesendete 4-Bit-Nachricht wird vom Empfänger in zwei Teile von je zwei Zeichen zerlegt. Der *Anfang* jedes Wortes z, *anf(z)*, besteht aus den ersten beiden Zeichen, sein *Ende*, *end(z)*, aus den letzten beiden. Der Anfang und das Ende eines jeden Wortes werden nun getrennt in einen Speicher A bzw. E abgelegt, wo alle Anfänge bzw. Enden der übertragenen Nachrichten gesammelt werden. Abb. 62 zeigt den geänderten Ausschnitt, d. h. die Transition „Empfangen" mit ihrer Umgebung. Die Anschriften *anf(z)* bzw. *end(z)* bewirken beim Schalten von „Empfangen", daß der Anfang bzw. das Ende der für y eingesetzten 4-Bit-Nachricht in die entsprechenden Speicher gelegt werden.

In einer weiteren Variante sei das Sender/Empfänger-System so organisiert, daß mit jeder Nachricht x auch ihre „Inverse" $\bar{x}$ gesendet wird ($\bar{x}$ entstehe aus x durch Vertauschen von „0" und „1"), damit der Empfänger die Korrektheit der Übertragung überprüfen kann. Im Speicher legt der Empfänger natürlich nur die Nachricht x selbst ab. Abb. 63 zeigt diese Organisation, wenn „Senden" und „Empfangen" jeweils einmal schalten.

In Abb. 48 wurde gezeigt, wie Paare von Objekten als Pfeilanschriften auftreten können. Eine entpsrechende Konstruktion ist auch mit Paaren von Variablen möglich. Als Beispiel organisieren wir das Sender/Empfänger-System so, daß zwei Empfänger B und C vorhanden sind und der Sender – in Analogie zum Erzeuger in Abb. 48 – für jede Nachricht auch deren Empfänger (entweder B oder C) bestimmt. Abb. 64 zeigt dieses Prinzip.

Betrachten wir nun noch einmal das Tankstellen-Beispiel aus den Kapiteln 1 und 2. In Abb. 38 gingen wir von zwei Zapfsäulen mit zwei Standplätzen an jeder Zapfsäule aus. Die erreichbaren Markierungen von Abb. 38 geben an, wie viele Standplätze oder Zapfsäulen frei sind. Mit Abb. 65 können wir nun viel präziser angeben, um welche Standplätze und Zapfsäulen es sich handelt. Die individuellen Marken der Zapfsäulen sind L und R. Wir

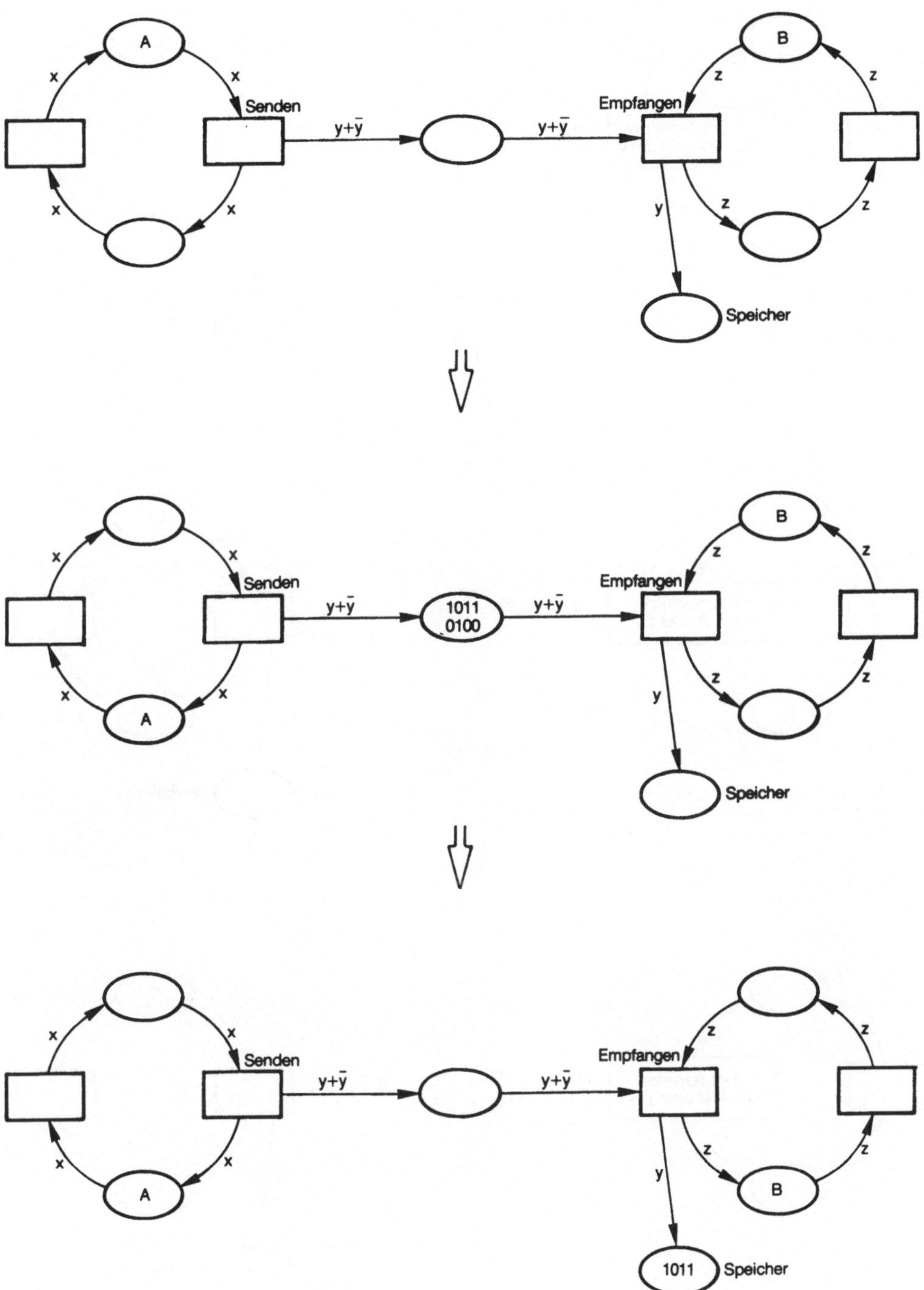

Abb. 63. Senden von Nachrichten und ihren Inversen

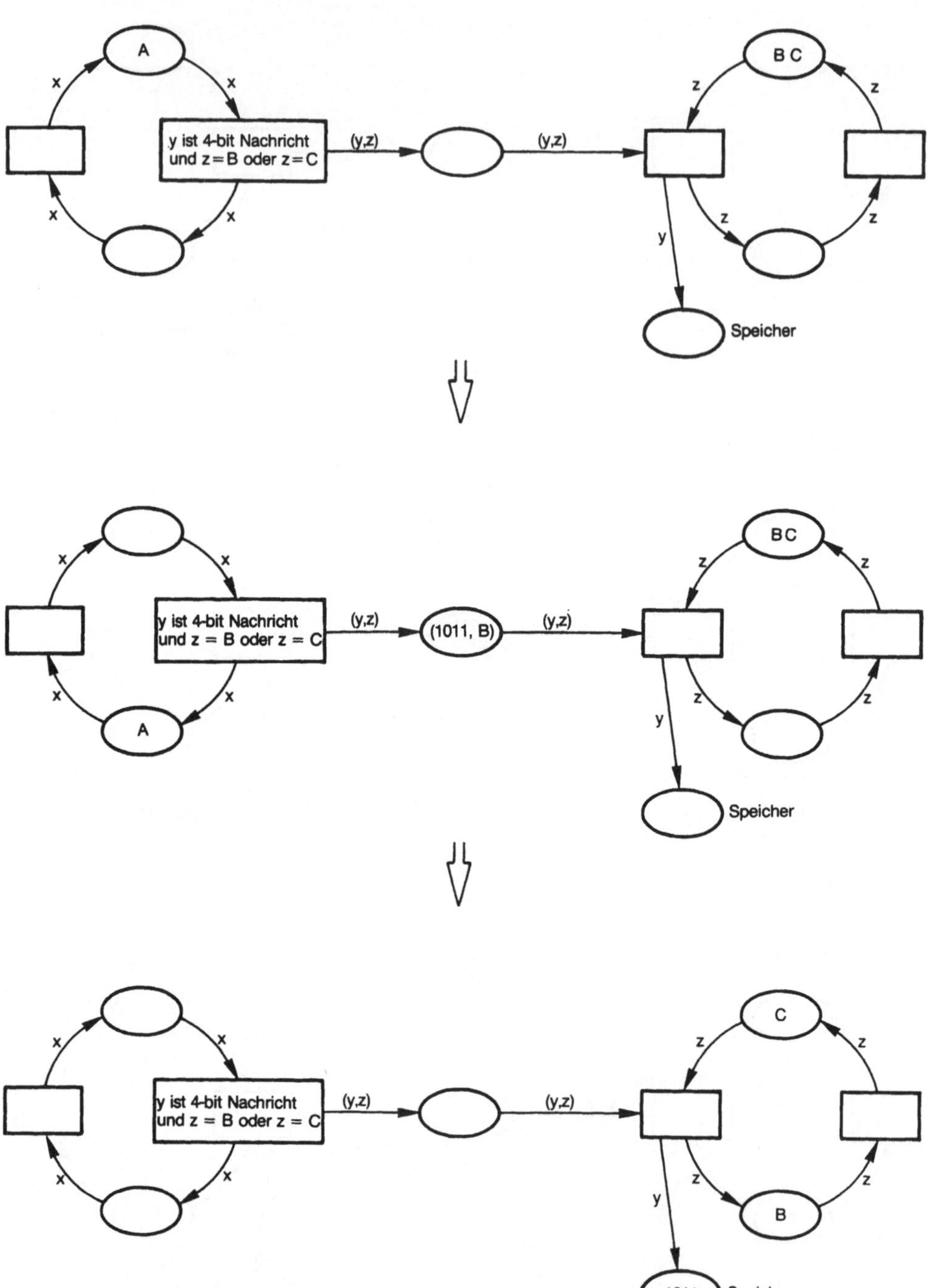

Abb. 64. Übertragung von Nachrichten mit Angabe des Empfängers

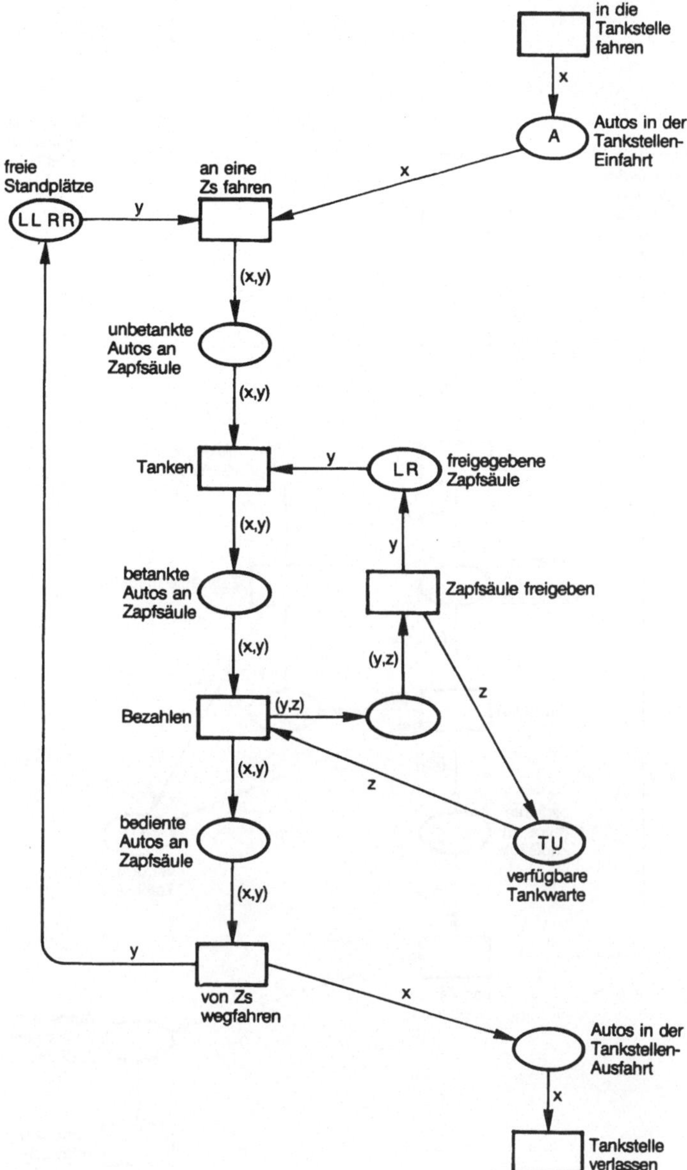

Abb. 65. Tankstelle mit zwei Tankwarten, zwei Zapfsäulen und zwei Stellplätzen je Zapfsäule

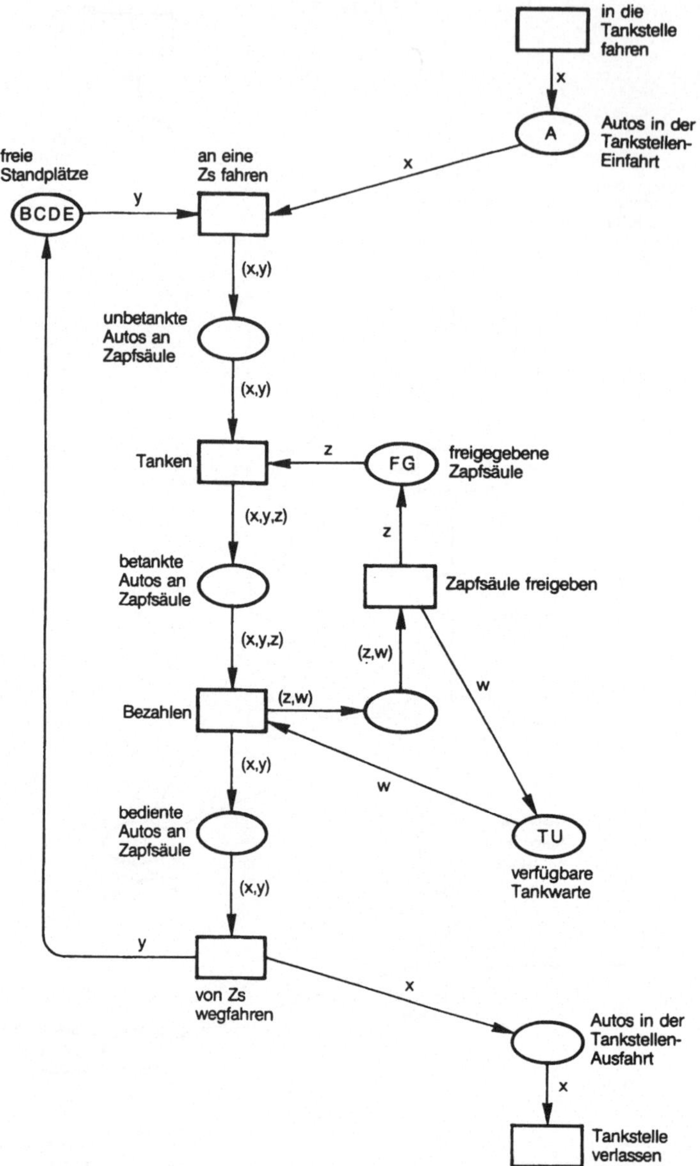

Abb. 66. Tankstelle mit zwei Tankwarten und zwei Zapfsäulen, die beide von vier Stellplätzen aus zugänglich sind

verwenden diese Symbole auch für die dazugehörigen Standplätze. Da die beiden Standplätze der Zapfsäule L nicht weiter unterschieden werden, liegen zunächst zwei Symbole L auf „freie Standplätze". Entsprechendes gilt für R. Wir sehen zwei Tankwarte T und U vor.

In einer Variante sei die Tankstelle so organisiert, daß vier beliebige Standplätze vorhanden sind, die alle von den beiden Zapfsäulen bedient werden können. Abb. 66 zeigt dieses Organisationsschema. Dabei werden nicht nur Paare (x, y) sondern auch Dreifachlisten (x, y, z) als Anschriften verwendet. Selbstverständlich können solche Listen auch noch länger werden.

Aufgabe 22

5 Personen seien an einem Markt beteiligt. Jede Person kommt, nachdem sie an einem Geschäft beteiligt war, in einen Ruhezustand und entscheidet sich, ob sie das nächste Mal als Händler oder Käufer auftreten möchte.

Aufgabe 23

a) Überführe Abb. 24 in ein Netz mit individuellen Marken und möglichst wenigen Transitionen (vgl. auch Aufgabe 19).
b) Überführe Abb. 49 in ein Netz mit individuellen Marken und möglichst wenigen Stellen und Transitionen.

Aufgabe 24

Erweitere den Markt von Abb. 52 um ein Warenlager und eine Bank. Händler holen Waren aus dem Lager und bringen ihre Erlöse zur Bank, Käufer holen Gold von der Bank ab und bringen die gekauften Gegenstände zum Lager.

4.7 Netze mit individuellen Marken

Wir kommen nun zur allgemeinsten Form von Netzen mit individuellen Marken. Solche Netze können beliebige Kombinationen aus Konstanten, Variablen, Operationen (wie *anf(y)* in Abb. 58) als Pfeilanschriften haben, wobei jede Ersetzung der Variablen durch Objekte schließlich für die ganze Anschrift angibt, welche Objekte wie oft gemeint sind. (Im Sender/Empfänger-System könnte beispielsweise $2x + anf(\bar{y}) + A$ eine Anschrift sein.) Die Transitionen können Anschriften enthalten, die beim Schalten erfüllt sein müssen.

Eine besondere Rolle unter den konstanten Marken spielt die „schwarze" Marke ⊙, die schon in den ersten beiden Kapiteln verwendet worden ist. Die Anschrift einer solchen Marke an einem Pfeil kann auch weggelassen werden. Abb. 67 zeigt eine Erweiterung von Abb. 57 um eine „Kanal frei"-Stelle, die höchstens mit einer schwarzen Marke markiert ist. Entsprechend zeigt Abb. 68 eine Darstellung der lese- und schreibberechtigten Prozesse aus Abb. 33, wobei die Individualität der Prozesse unterscheidbar ist. Die Schlüssel zu unterscheiden, wäre dabei nicht sinnvoll.

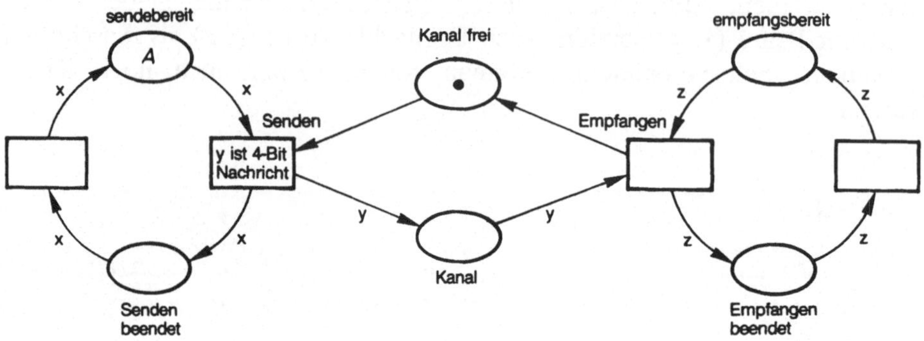

Abb. 67. Ergänzung von Abb. 57 um „Kanal frei"

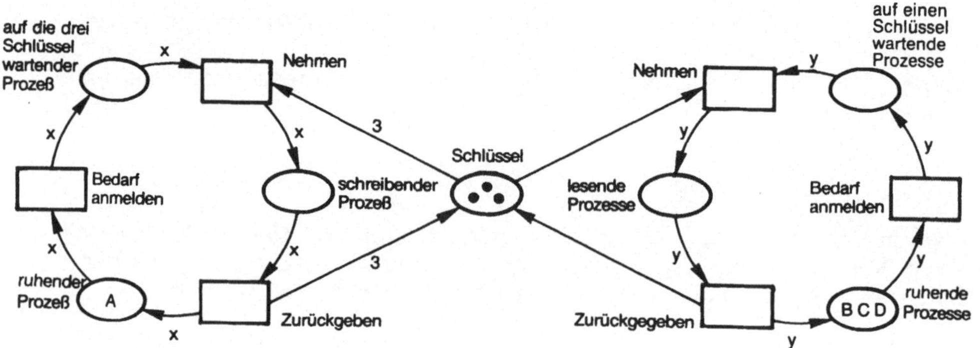

Abb. 68. Individuelle lese- und schreibberechtigte Prozesse

> Ein *Netz mit individuellen Marken* ist gegeben durch
> - *Stellen, Transitionen,* und eine *Anfangsmarkierung* aus individuellen Objekten, wie sie schon in Abschnitt 4.2 und Abschnitt 4.5 für Netze mit konstanten bzw. variablen Pfeilanschriften verlangt werden;
> - einen Ausdruck aus *Konstanten, Variablen und Operationen* als Anschrift an jedem Pfeil, so daß die Ersetzung der Variablen mit Objekten eine Anzahl von Objekten angibt, wobei ein und dasselbe Objekt mehrfach angegeben werden kann;
> - eine *Zusatzbedingung* für jede Transition (die aber auch wegfallen kann).

In einem Netz mit individuellen Marken
- ist eine *Ersetzung für eine Transition t* dadurch gegeben, daß man in den Ausdrücken der Pfeile, die bei t beginnen oder enden, und in der Zusatzbedingung von t, jede Variable durch ein individuelles Objekt ersetzt, wobei mehrfach auftretende Marken überall durch dasselbe Objekt ersetzt werden;
- ist eine *Transition t in Bezug auf eine Ersetzung aktiviert,* wenn jede Stelle s aus dem Vorbereich von t jedes Objekt mindestens so oft enthält, wie die Ersetzung des Ausdrucks des Pfeiles von s nach t angibt, und wenn dabei die Zusatzbedingung in t erfüllt ist;
- *schaltet eine Transition t*, die in bezug auf eine Ersetzung aktiviert ist, indem
  1. jeder Stelle s aus dem Vorbereich von t Objekte in der Anzahl entnommen werden, wie die Ersetzung des Ausdrucks des Pfeiles von s nach t angibt, und
  2. jeder Stelle s aus dem Nachbereich von t Objekte in der Anzahl erhält, wie die Ersetzung des Pfeiles von t nach s angibt.

Abb. 69 zeigt eine weitere Variante unseres Tankstellen-Beispiels. Auf der Basis von Abb. 66 gibt es eine Benzin-Zapfsäule B und eine Diesel-Zapfsäule D. Jedes Auto wird durch ein Paar (x, z) gekennzeichnet, wobei z angibt, ob Benzin oder Diesel getankt werden soll.

Als ein mehr technisches Beispiel betrachten wir noch die Steuerung eines Interrupts in einem Rechner: Eine Zähluhr zählt Takte zyklisch von 0 bis 15 (der Nachfolger von 15 ist wieder 0). Unabhängig davon kann an einer anderen Stelle ein Interrupt eintreten (höchstens einer pro Zyklus). Jedesmal, wenn die Zähluhr den Takt 9 erreicht, wird geprüft, ob ein Interrupt vorliegt. Liegt einer vor, so wird ein Prozeß p gestartet. Abb. 70 zeigt ein entsprechendes Netz.

Für Netze mit Individuen als Marken können nun alle die Konzepte entsprechend entwickelt werden, die wir für Netze aus Stellen und Transitionen kennengelernt haben. Für Stellen kann eine Kapazitätsgrenze erklärt werden, deren Erreichen verhindert, daß Transitionen schalten können. Diese Kapazitätsgrenze kann für jede Stelle und jeden Objekttyp verschieden sein. Wann ein Konflikt vorliegt und was eine Kontaktsituation ist, sollte klar sein. Auch die Konstruktion von Komplementen ist für Netze mit Individuen als Marken möglich, wenn Kapazitätsgrenzen gegeben sind.

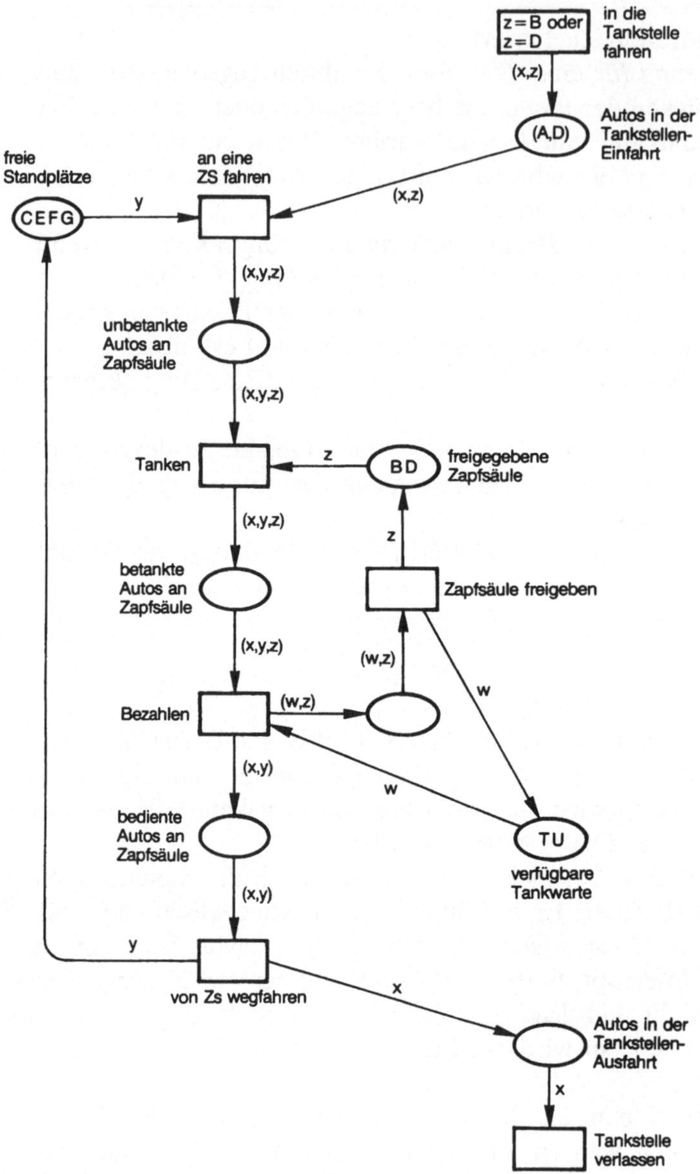

Abb. 69. Tankstelle mit Zapfsäulen für Benzin und Diesel

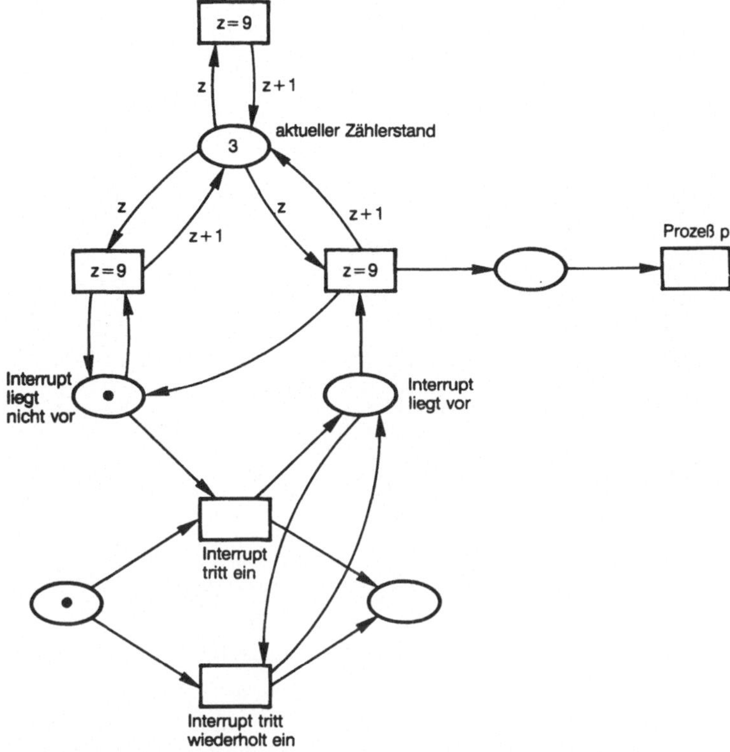

Abb. 70. Eine einfache Interrupt-Steuerung

Aufgabe 25

Im Netz zu Aufgabe 24 sei nun auch die Individualität der einzelnen Prozesse sichtbar.

Aufgabe 26

In einer Variante von Abb. 69 gebe es drei Standplätze. Am ersten kann nur Benzin, am zweiten nur Diesel, am dritten beides getankt werden.

Aufgabe 27

Ergänze Abb. 6 bzw. Abb. 10 durch geeignete Pfeilanschriften so, daß ein Netz mit individuellen Marken entsteht, das das in Abschnitt 1.1 beschriebene Verhalten modelliert.

5 Netze aus Kanälen und Instanzen

Bisher haben wir Netze kennengelernt, die das dynamische Verhalten realer Systeme darstellen. Bei der Konstruktion solcher Netze muß vielerlei zugleich beachtet werden: welche Komponenten es gibt, wie sie sich in jeder möglichen Situation verhalten, wie die Marken anfänglich zu verteilen sind, ob alle Abhängigkeiten richtig dargestellt sind usw.

Die Konstruktion solcher Netze „in einem Schritt" wird unübersichtlich und fehleranfällig, wenn diese größer als in den bisherigen Beispielen werden. Dann empfiehlt es sich, zunächst Netze mit beliebigen umgangssprachlichen Anschriften zu konstruieren. Eine präzise Schaltregel gibt es für solche Netze aus *Kanälen* und *Instanzen* freilich nicht.

5.1 Beispiele

In erster Annäherung an die Modellierung eines realen Systems ist es zweckmäßig, das System zunächst in wenige, sinnvoll separierbare Teile zu zerlegen. Abb. 71 zeigt eine erste grobe Zerlegung eines Erzeuger/Verbraucher-Systems. Es besteht im wesentlichen aus einem Erzeuger, einem Übertragungskanal und einem Verbraucher. Erzeuger und Verbraucher sind nicht direkt, sondern nur über den Kanal miteinander verbunden.

Abb. 72 zeigt eine erste Strukturierung eines Systems aus lesenden und schreibenden Prozessen, die um Zugriffsrechte (Schlüssel) konkurrieren.

Beide Darstellungen bestehen aus Kreisen, Kästchen und Pfeilen. Es ist dabei nicht beliebig, was als Kreis, Kästchen oder Pfeil dargestellt wird: Kreise bezeichnen passive, Kästchen aktive Systemteile; Pfeile kennzeichnen Beziehungen zwischen solchen Systemteilen.

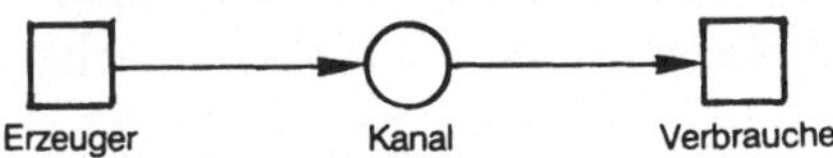

Abb. 71. Grobstruktur eines Erzeuger/Verbraucher-Systems

Abb. 72. Grobstruktur eines Systems aus lesenden und schreibenden Prozessen

Die Kreise dieser Netze heißen *Kanäle*, die Kästchen heißen *Instanzen*. (Lassen Sie sich durch die Bezeichnung „Kanal" nicht verwirren: es gibt – z. B. in Abb. 71 – Kanäle, die auch die Anschrift „Kanal" tragen; dies ist aber nicht notwendig der Fall: in Abb. 72 gibt es beispielsweise einen Kanal mit der Anschrift „Schlüssel".)

Ein Netz aus Kanälen und Instanzen kann mit beliebigen Anschriften versehen werden. Insbesondere können Anschriften an Kanälen auch beschreiben, welche Objekte in den Kanälen vorhanden sind. Entsprechend können Anschriften an Pfeilen oder an Instanzen andeuten, wann und wie Instanzen arbeiten. Netze aus Kanälen und Instanzen zeigen, aus welchen Komponenten ein System aufgebaut ist und zwischen welchen Komponenten Zusammenhänge bestehen.

In graphischen Darstellungen von Netzen aus Kanälen und Instanzen kann anstelle eines Pfeiles eine einfache Linie stehen, wenn die Verbindung zwischen Komponenten keine spezifische Richtung aufweist oder diese Richtung unbekannt ist.

5.2 Grundbegriffe

Ein *Netz aus Kanälen und Instanzen* ist gegeben durch
- *Kanäle*, dargestellt als Kreise (O),
- *Instanzen*, dargestellt als Kästchen (□),
- *Pfeile von Kanälen zu Instanzen* (O→□)
- *Pfeile von Instanzen zu Kanälen* (□→O),
- (Pfeilpaare □⇄O können als □—O dargestellt werden) und
- beliebige umgangssprachliche oder formale *Anschriften* an Kanäle, Instanzen und Pfeile.

Für die angemessene Verwendung von Netzen aus Kanälen und Instanzen ist folgendes zu berücksichtigen:

In einem Netz aus Kanälen und Instanzen
- stellt jeder Kanal eine *passive* Systemkomponente dar, die lagern, speichern, Zustände annehmen und Gegenstände sichtbar machen kann;
- stellt jede Instanz eine *aktive* Systemkomponente dar, die für die Erzeugung, den Transport und die Veränderung von Dingen verantwortlich ist;

– zeigt ein Pfeil logischen Zusammenhang, räumliche Nähe, Zugriffsrechte, unmittelbare Kopplung an. Niemals wird mit einem Pfeil eine
reale Systemkomponente dargestellt, sondern immer eine abstrakte,
gedankliche Beziehung zwischen solchen Komponenten.

5.3 Weitere Beispiele

Als weiteres Beispiel stellen wir erste Schritte zur Konstruktion eines
Produktionssystems vor, wie es in Abschnitt 2.6 beschrieben wurde. Eine
erste grobe Struktur zeigt Abb. 73, etwas detaillierter sind die Netze in den
Abb. 74 und 75.

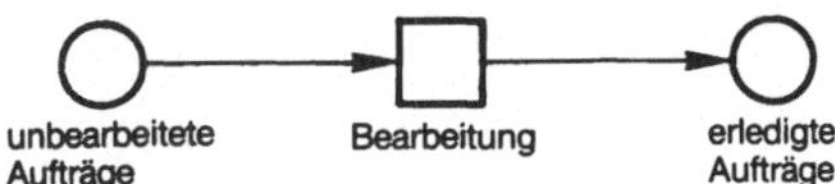

Abb. 73. Grobstruktur eines einfachen Produktionssystems

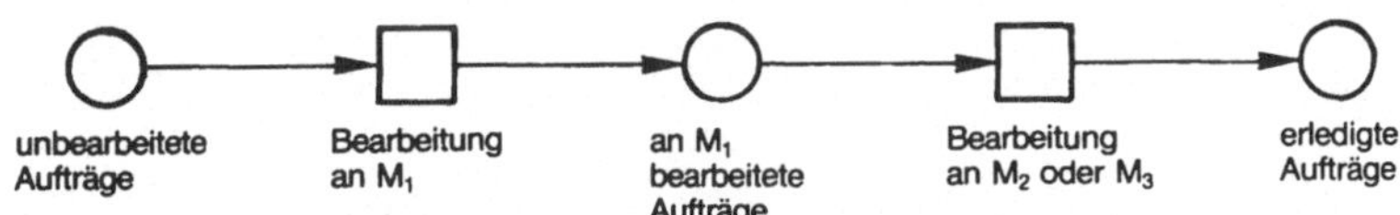

Abb. 74. Präzisierung des Produktionssystems aus Abb. 73

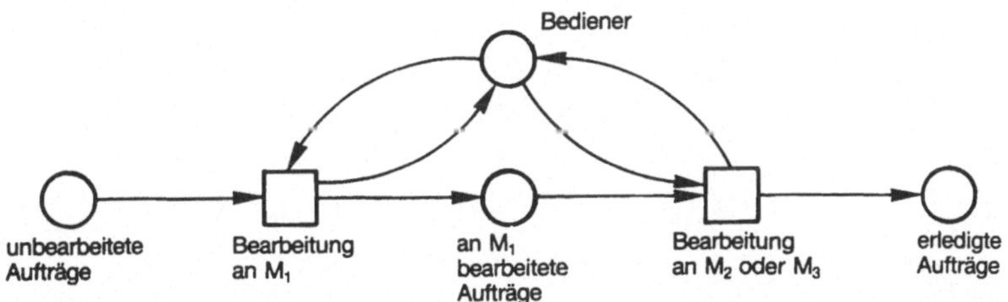

Abb. 75. Ergänzung von Abb. 74 um einen Kanal

Aufgabe 28

Konstruiere ein Netz aus Kanälen und Instanzen zur Organisation einer Tankstelle in Anlehnung an Abb. 38.

Aufgabe 29

Konstruiere ein Netz aus Kanälen und Instanzen zur Organisation eines Miet-
wohnungsmarktes in Anlehnung an Abb. 54.

6 Verfeinern und Einbetten

Die Netze in den Abb. 73, 74 und 75 zeigen alle dasselbe System in
verschiedenen Feinheitsgraden, Ausschnitten oder Aspekten. Es wird sich
herausstellen, daß diese (und viele andere bisher betrachtete) Netze auf
wohldefinierte Weise miteinander zusammenhängen: aus einem gegebenen
Netz kann ein anderes systematisch als *Verfeinerung* oder *Einbettung*
hergeleitet werden.

Alle bisher betrachteten Netzmodelle (Netze aus Bedingungen und Ereignissen, Netze aus Stellen und Transitionen, Netze mit individuellen Marken
und Netze aus Kanälen und Instanzen) können verfeinert und eingebettet
werden. Wenn wir über beliebige Netze sprechen, ohne das entsprechende
Netzmodell angeben zu wollen oder zu können, verwenden wir – aus
Gründen der Tradition und ohne Stellen und Transitionen besonders aus-
zeichnen zu wollen – folgende Sprechweise:

> Ein *Netz* ist gegeben durch
> - *Stellen*, dargestellt als Kreise (◯),
> - *Transitionen*, dargestellt als Kästchen (▢),
> - *Pfeile von Stellen zu Transitionen* (◯→▢) und
> - *Pfeile von Transitionen zu Stellen* (▢→◯).

Wir werden zunächst das Verfeinern behandeln und insbesondere diskutieren, welche Einschränkungen bei der Verfeinerung markierter Netze berücksichtigt werden müssen. Anschließend wird gezeigt, wie man Netze
einbettet.

6.1 Verfeinern

Man verfeinert ein Netz, indem man eine Stelle oder eine Transition durch
ein ganzes Netz ersetzt. Dabei soll das Ergebnis natürlich selbst wieder ein

Netz sein. Man verlangt darüber hinaus, daß es zwischen dem neuen Netzteil und seiner Umgebung nur dann eine Verbindung gibt, wenn diese im ursprünglichen Netz schon angelegt war, wenn also schon im ursprünglichen Netz ein entsprechender Pfeil mit demselben Element der Umgebung vorhanden war. In diesem Sinne stellt Abb. 74 eine Verfeinerung von Abb. 73 dar.

In graphischen Netzdarstellungen schließt man das neue Netzteil in einen geschlossenen Linienzug ein.

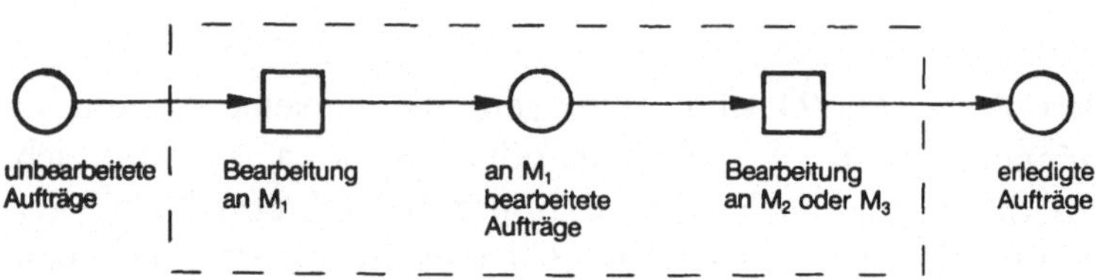

Abb. 76. Graphische Darstellung einer Verfeinerung

Ersetzt man eine Stelle, so wird das eingesetzte Netz gestrichelt umkreist. Ersetzt man eine Transition, so wird das eingesetzte Netz in einen gestrichelten Kasten gezeichnet (Abb. 76). Anschaulich ist eine Verfeinerung korrekt durchgeführt, wenn im verfeinerten Netz die Auffassung der gestrichelten Kreise bzw. Kästchen als Stellen bzw. Transitionen das ursprüngliche Netz ergibt.

In einem Netz A wird eine *Stelle s durch das Netz* B *verfeinert,* wenn B anstelle von *s* so eingesetzt wird, daß für jeden Pfeil $x \rightarrow y$ von B nach A' (bzw. $x \leftarrow y$ von A' nach B) gilt:
– *x* ist eine Stelle von B und *y* ist eine Transition von A';
– in A gibt es einen Pfeil $s \rightarrow y$ (bzw. $s \leftarrow y$).
(Dabei ist A' das Netz A ohne die Stelle *s*.)

In einem Netz A wird eine *Transition t durch das Netz* B *verfeinert,* wenn B anstelle von *t* so eingesetzt wird, daß für jeden Pfeil $x \rightarrow y$ von B nach A' (bzw. $x \leftarrow y$ von A' nach B) gilt:
– *x* ist eine Transition von B und *y* ist eine Stelle von A';
– in A gibt es einen Pfeil $t \rightarrow y$ (bzw. $t \leftarrow y$).
(Dabei ist A' das Netz A ohne die Transition *t*.)

Ein Netz B ist *Verfeinerung eines Netzes* A, wenn B durch die Verfeinerung einiger Stellen und Transitionen von A entsteht. A heißt dann auch *Vergröberung* von B.

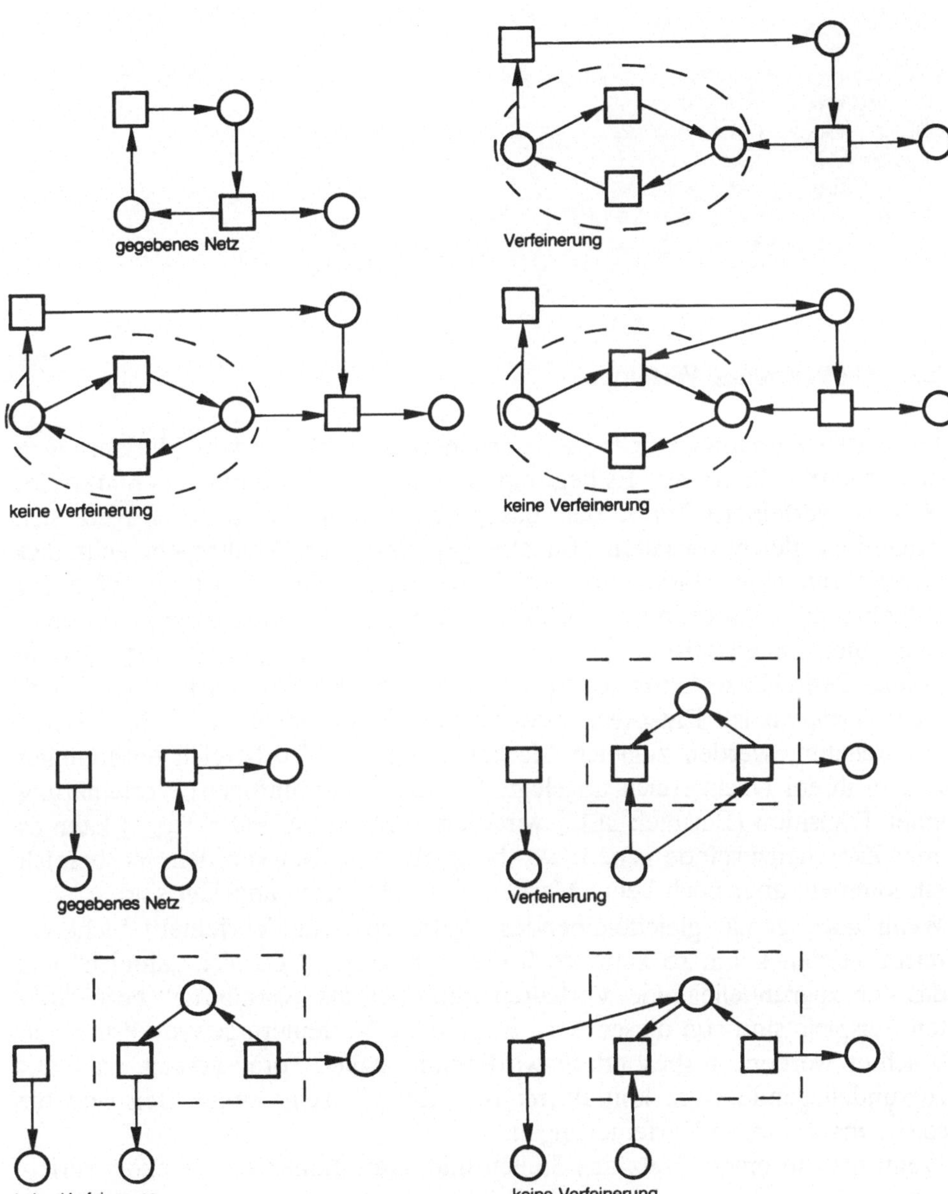

Abb. 77. Verfeinerungen – Beispiele und Gegenbeispiele

Weitere Beispiele für Verfeinerungen zeigt Abb. 77. Berücksichtigt man nur die Netzstruktur, nicht jedoch Markierungen und Anschriften, so ist der Übergang von Abb. 71 zu Abb. 11 (nicht jedoch zu Abb. 18!) eine Verfeinerung, ebenso der Übergang von Abb. 72 zu Abb. 15 oder von Abb. 73 oder 75 (nicht jedoch Abb. 74!) zu Abb. 24.

Aufgabe 30

Konstruiere Verfeinerungen zwischen den Netzen:
a) von Abb. 71 nach Abb. 11,
b) von Abb. 11 nach Abb. 26,
c) von Abb. 72 nach Abb. 33,
d) von Abb. 73 nach Abb. 24,
e) von Abb. 75 nach Abb. 24 und
f) von Abb. 40 nach Abb. 30.

6.2 Markentreues Verfeinern

Im letzten Abschnitt wurde das Verfeinern unabhängig von Markierungen und Schaltregeln erklärt. Es liegt nun die Frage nahe, ob man ein markiertes Netz so verfeinern kann, daß das grobe und das verfeinerte Netz sich dynamisch gleich verhalten. Im strengen Sinn der Schaltregeln geht dies nicht: wenn eine Marke auf eine Stelle gelegt wird, so ist sie sofort für entnehmende Transitionen verfügbar. Bei jeder (vernünftigen) Verfeinerung einer Stelle (Beispiel: 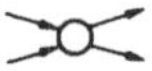 wird verfeinert zu 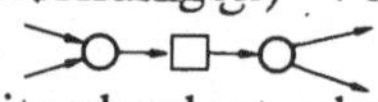) kann es aber Zwischenzustände geben, wo eine Marke bereits abgelegt, aber noch nicht verfügbar ist. Entsprechendes gilt für Transitionen: wenn eine Transition schaltet, werden zugleich Marken aus ihrem Vorbereich entnommen und in ihrem Nachbereich abgelegt. Bei jeder (vernünftigen) Verfeinerung einer Transition (Beispiel:  wird verfeinert zu 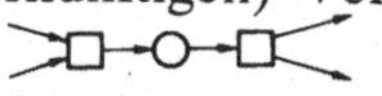) kann es aber Zwischenzustände geben, wo (beispielsweise) Marken dem Vorbereich entnommen, aber noch keine Marken im Nachbereich abgelegt sind.

Wenn auch genau gleichbleibendes Verhalten beim Verfeinern nicht erreicht werden kann, so kann doch ein verfeinertes Netz sich „ähnlich" wie das ihm zugrundeliegende Verhalten (die oben als „vernünftig" bezeichneten Beispiele sind von dieser Art), wenn beim Verfeinern gewisse Prinzipien beachtet werden. Insbesondere wird grundsätzlich vorausgesetzt, daß das zugrundeliegende Netz kontaktfrei ist. Abb. 78 zeigt einige Beispiele für solche *markentreue* Verfeinerungen.

Wenn man in einem Netz aus Stellen und Transitionen eine Stelle s verfeinert, indem man sie durch ein Teilnetz N ersetzt, so können aus dem übrigen Netz Marken nach N gelangen und von dort durch das Schalten

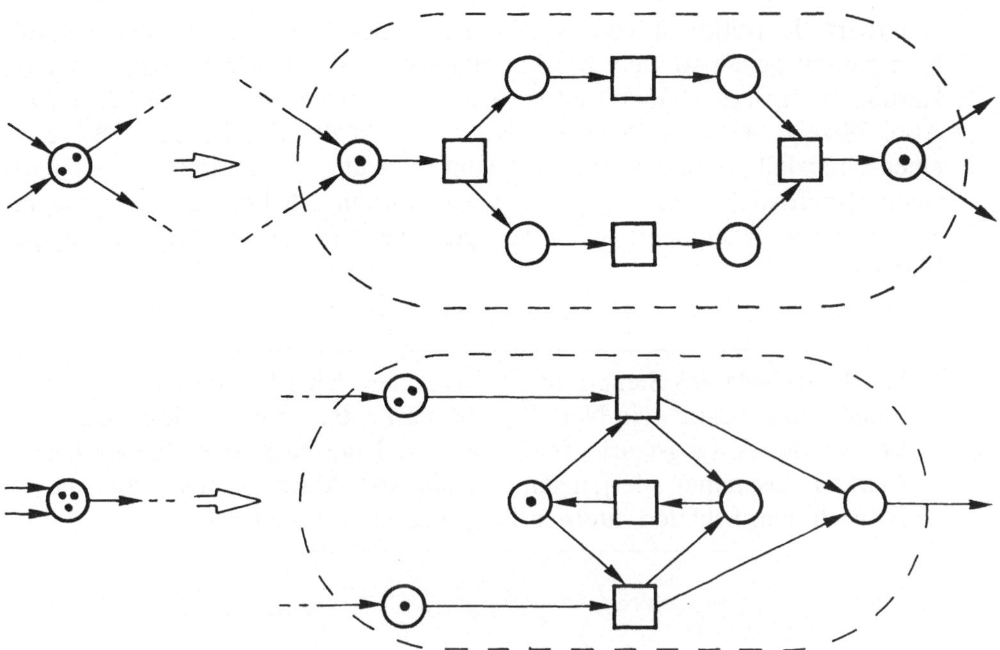

Abb. 78. Markentreues Verfeinern von Stellen

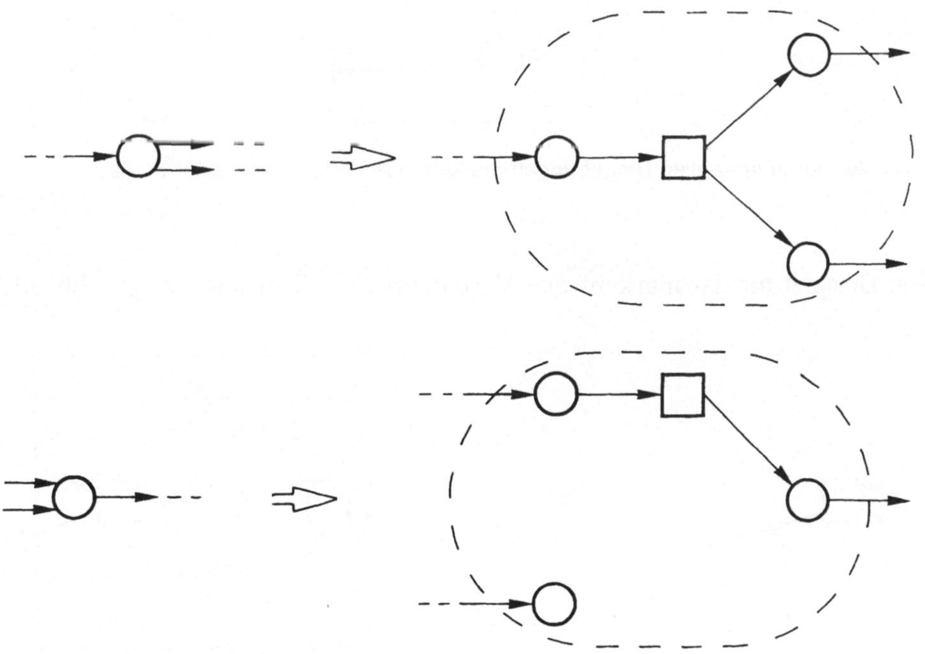

Abb. 79. Nicht markentreues Verfeinern von Stellen

„interner" Transitionen von N Marken in das Netz fließen. Dabei muß N insgesamt genau so viele Marken abgeben können, wie als Anfangsmarkierung in s gelegen haben und in N hineingeflossen sind. Im Gegensatz zu Abb. 78 zeigt Abb. 79 Beispiele, wo dies nicht der Fall ist. Abb. 80 zeigt einen Grenzfall, dessen Korrektheit vom Verhalten des Restnetzes abhängt: wenn (langfristig) s_1 und s_2 gleich viele Marken erhalten, ist die gezeigte Verfeinerung akzeptabel; ansonsten gibt das verfeinerte Netz zu wenige Marken ab.

Sei A ein Netz aus Stellen und Transitionen. Eine Verfeinerung einer Stelle s von A durch ein Netz B heißt *markentreu,* wenn A kontaktfrei ist und die Anfangsmarkierung von s und die nach B einfließenden Marken zusammen derjenigen Anzahl von Marken entspricht, die B (nach dem Schalten interner Transitionen) abgeben kann.

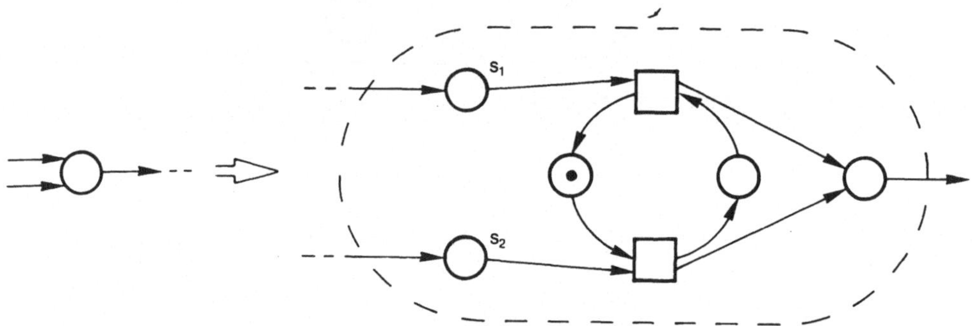

Abb. 80. Nur in speziellen Umgebungen markentreue Verfeinerung einer Stelle

Ein Beispiel für das markentreue Verfeinern einer Transition zeigt Abb. 81.

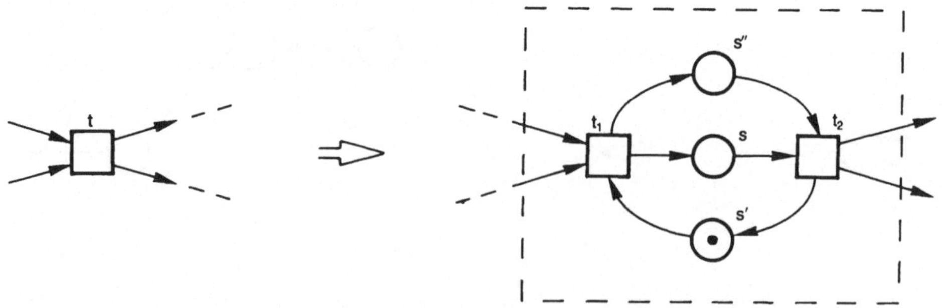

Abb. 81. Markentreues Verfeinern einer Transition

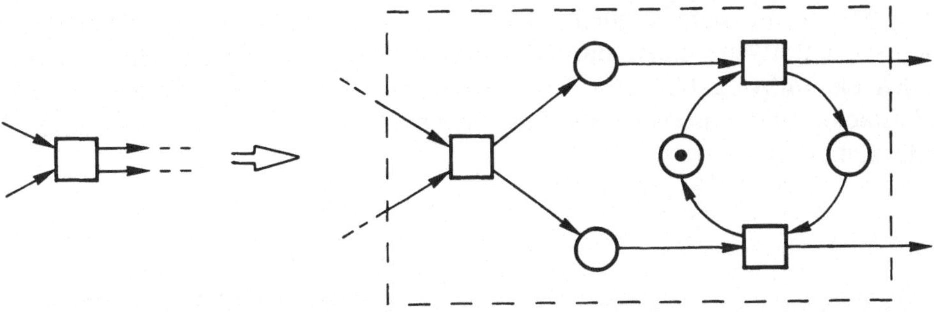

Abb. 82. Markentreues Verfeinern einer Transition

Mit den Stellen s' und s'' ist garantiert, daß nach Entnahme von Marken aus dem Vorbereich von t erst ein Satz Marken im Nachbereich von t abgelegt wird (was einmaligem Schalten von t entspricht), bevor dem Vorbereich von t weitere Marken entnommen werden. Die Verfeinerung aus Abb. 81 ist auch ohne die beiden Stellen s' und s'' markentreu. Zusätzlich kann t_2 verfeinert werden, wenn nur jede Stelle des Nachbereiches von t_2 eine Marke erhält (Abb. 82). Verfeinert man t_1, hängt die Markentreue immer von der Umgebung ab. Bei einer Verfeinerung wie in Abb. 83 ist nicht auszuschließen, daß nur einem Teil der Stellen des Vorbereiches von t Marken entnommen werden. Danach können in der Verfeinerung Blockierungen eintreten, die im unverfeinerten Netz keine Entsprechung haben.

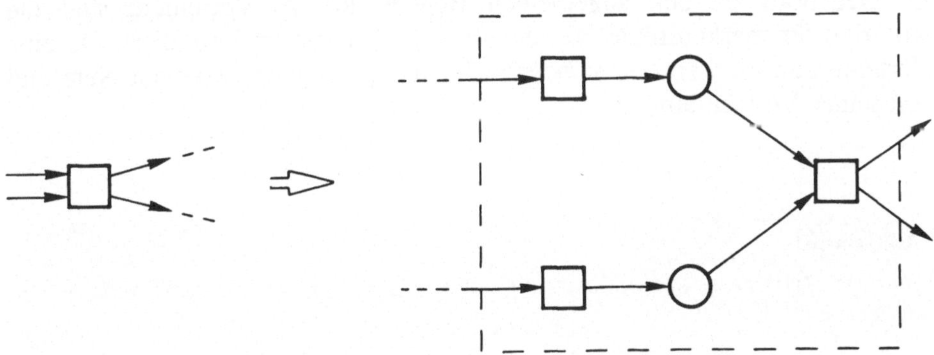

Abb. 83. Nur in speziellen Umgebungen markentreue Verfeinerung einer Transition

Sei A ein Netz aus Stellen und Transitionen. Eine Verfeinerung einer Transition t von A durch ein Netz B heißt *markentreu,* wenn A kontaktfrei ist und durch das Schalten von Transitionen aus B jeweils aus allen Stellen des Vorbereiches von t Marken entnommen werden (können) und danach alle Stellen des Nachbereiches von t Marken erhalten.

Bei Netzen mit individuellen Marken muß eine markentreue Verfeinerung
konsequenterweise nicht nur (wie bisher diskutiert) die Anzahl, sondern
auch die Individualität von Marken berücksichtigen. Abb. 84 zeigt einige
Beispiele markentreuer Verfeinerungen für Netze mit individuellen
Marken.

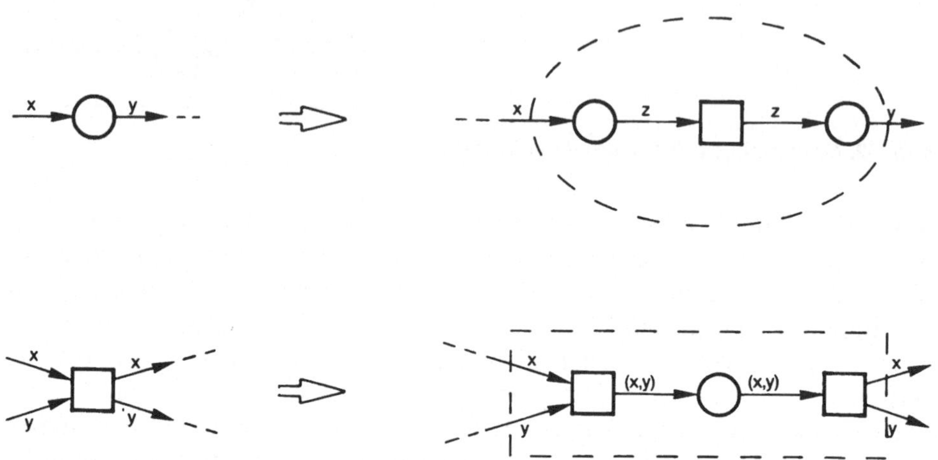

Abb. 84. Markentreues Verfeinern für Netze mit individuellen Marken

Im Gegensatz zu den allgemeinen Regeln für das Verfeinern sind die
Kriterien für markentreues Verfeinern bewußt unscharf formuliert. Ob eine
Verfeinerung markentreu ist oder nicht, hängt oft vom gesamten Netz und
von seiner Verwendung ab.

Aufgabe 31

Sind die Verfeinerungen von Abb. 11 nach Abb. 26 und von Abb. 40 nach Abb.
39 markentreu?

6.3 Einbetten

Der Übergang von Abb. 74 zu Abb. 75 kann nicht als eine Verfeinerung
aufgefaßt werden. Auch wenn man nur die Struktur der beiden Netze
betrachtet und ihre Anschriften außer Acht läßt, enthält Abb. 75 Pfeile, die
in Abb. 74 nicht angelegt sind. Berücksichtigt man die Anschriften der

Kanäle und Instanzen, so ergibt sich unausweichlich, daß „Bediener" ein Kanal ist, der in das Netz neu aufgenommen worden ist: das Netz aus Abb. 74 ist in Abb. 75 *eingebettet*.

Während beim Verfeinern ein Element des gegebenen Netzes durch ein neues Netzteil *ersetzt* wird, wird beim Einbetten das gegebene Netz um ein neues Netzteil *ergänzt*. Dabei soll natürlich wiederum ein Netz entstehen.

Eine ganz wichtige Einbettung ist die zusätzliche Konstruktion des Komplements von Stellen.

> Ein Netz A ist *eingebettet* in ein Netz B, wenn jede Stelle, jede Transition, jeder Pfeil und jede Anschrift von A auch in B vorkommt. A heißt dann auch *Ausschnitt* von B.

In graphischen Darstellungen können neu hinzukommende Stellen, Transitionen, Pfeile, Marken und Anschriften durch andere Strichstärken, Farben o. ä. gekennzeichnet werden.

Beim Einbetten eines markierten Netzes muß selbstverständlich insgesamt wieder ein markiertes Netz desselben Typs (also ein Netz aus Bedingungen und Ereignissen, aus Stellen und Transitionen, mit individuellen Marken oder aus Kanälen und Instanzen) entstehen. Insbesondere müssen die Markierungen ergänzter Stellen vom entsprechenden Typ sein.

Sowohl beim Verfeinern als auch beim Einbetten wird der Informationsgehalt eines Netzes erhöht.

Aufgabe 32

Zeige: a) Abb. 11 ist eingebettet in Abb. 18,
      b) Abb. 18 ist eingebettet in Abb. 20 und
      c) Abb. 27 ist eingebettet in Abb. 28.

7 Netze als Entwurfsmethode

In den Kapiteln 1 bis 4 sind verschiedene Typen von Netzen vorgestellt worden. An kleineren Beispielen wurde gezeigt, wie diese zur Darstellung des Aufbaus und der Arbeitsweise verschiedenartiger Systeme verwendet werden können. Damit ist freilich noch nichts darüber gesagt, wie im konkreten Fall vorzugehen ist, wenn mit wenig Aufwand eine angemessene Darstellung eines realen oder geplanten Systems gelingen soll. Wie die Kenntnis der einzelnen Befehle einer Programmiersprache noch nicht dazu befähigt, umfangreiche Programme zu erstellen, so kann auch die „Sprache der Netze" ohne die Beachtung systematischer Konstruktionsverfahren nicht wirklich effizient verwendet werden.

In diesem Kapitel werden wir an einem größeren, durchaus realen Beispiel zeigen, wie Netze zur systematischen Konstruktion rechnerintegrierter Systeme verwendet werden können. In der Sprechweise des Software Engineering stellen wir eine Methode für die ersten Phasen der Softwareentwicklung (Spezifikationsphase, Requirements Engineering) vor, die sich insbesondere für den systematischen Übergang von umgangssprachlich formulierten, ungenauen oder unvollständigen Vorgaben zu einem präzisen, implementierbaren Modell eignet.

7.1 Vorüberlegungen zum Entwurf rechnerintegrierter Systeme

Jeder installierte Rechner ist in eine Umgebung eingebunden, für die er eine Leistung erbringt (erbringen soll). Die Funktion eines solchen Rechners läßt sich nur erklären, wenn man einige Komponenten aus seiner Umgebung mit berücksichtigt. Will man also beschreiben, wie ein Rechner auf seine Umgebung (und umgekehrt die Umgebung auf den Rechner) einwirken soll, so muß man beide, Rechner und Umgebung, darstellen, jedenfalls in den für das Zusammenspiel wichtigen Aspekten. Eine wesentliche Schwierigkeit beim Entwurf eines solchen rechnerintegrierten Systems liegt in dem Umstand, daß meistens von einer umgangssprachlichen, ungenauen und unvollständigen Beschreibung des Systems ausgegangen werden muß, die dann allmählich formalisiert, präzisiert und vervollständigt wird.

Grob vereinfacht, ist die klassische Situation bei der Systementwicklung die, daß sich

- ein Auftraggeber, der nichts von Datenverarbeitung versteht (verstehen will, zu verstehen braucht), und
- ein DV-Spezialist, der von den Geschäften seines Auftraggebers nicht viel (nur soviel wie nötig) kennen muß (soll), gegenüberstehen.

Im Idealfall läuft die Systementwicklung dann nach folgendem Schema ab:
- Der Auftraggeber formuliert die Aufgaben, die das beabsichtigte System erledigen soll.
- Der DV-Spezialist erstellt ein System, schreibt Handbücher und Benutzeranleitungen und schult das Personal.
- Der Auftraggeber überzeugt sich von der Korrektheit des Systems (und bezahlt die Rechnung).

Im Idealfall, wie gesagt, und Idealfälle sind selten. In der Regel laufen Systementwicklungen anders, und zwar weniger erfreulich ab. Dies vor allem deshalb, weil ein Ausdrucksmittel, eine Sprache fehlt, die
- abhängig von der Aufgabenstellung mehr oder weniger formale Beschreibungen zuläßt,
- dem Auftraggeber zugemutet werden kann,
- einen allmählichen und systematischen Übergang von umgangssprachlichen zu formalen Spezifikationen ermöglicht,
- die problemgerechte Gliederung des Systems unterstützt und
- Systemeigenschaften zu formulieren und nachzuweisen gestattet.

Wir werden in der Folge eine Entwurfsmethode vorstellen, die diesen Anforderungen gerecht zu werden versucht. Sie schließt alle vier vorgestellten Netzmodelle ein. Komplexe Netze werden aus kleineren, bereits hergeleiteten Netzen konstruiert. Dies geschieht systematisch durch Verfeinern und Einbetten.

7.2   Ein Beispiel

Auf welche Weise Systeme vorteilhaft mit Hilfe von Petrinetzen entwickelt werden können, soll an einem etwas umfangreicheren, dafür realen Beispiel deutlich werden:

Wir betrachten ein Handelshaus (eine Großhandlung), im weiteren nur „Firma" genannt, das an seine Kunden Waren verkauft. Für diese Firma soll eine rechnerintegrierte Organisation entwickelt werden. Dies setzt voraus,

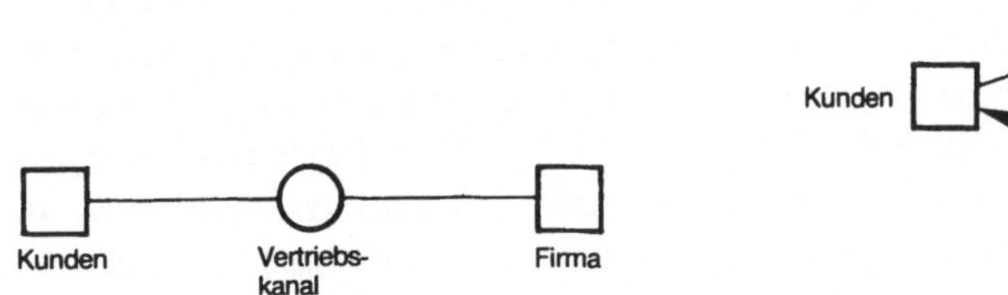

Abb. 85. Firma und Kunden

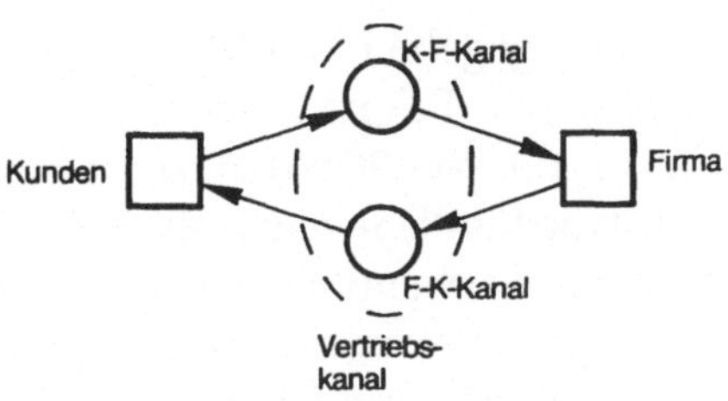

Abb. 86. Verfeinerung von Abb. 85

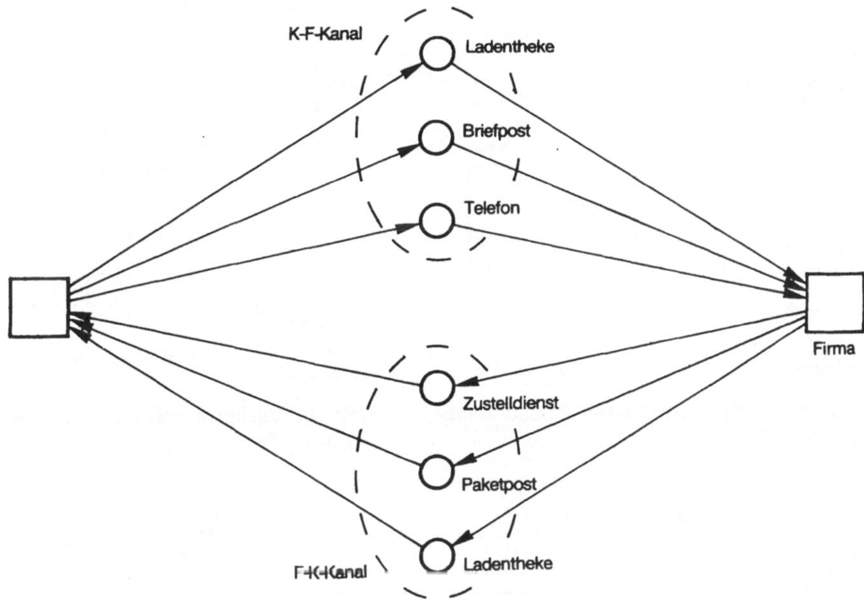

Abb. 87. Verfeinerung von Abb. 86

daß die Abläufe in der Firma präzise beschrieben sind, denn nur dann kann
klar formuliert und überprüft werden, was genau der Rechner leisten soll
und ob das implementierte System korrekt arbeitet.
Abb. 85 stellt die Firma in einer ersten Annäherung sehr grob als Netz aus
Kanälen und Instanzen dar. Der Vertriebskanal wird in Abb. 86 verfeinert
und besteht nun aus einem Kanal von den Kunden zur Firma (K-F-Kanal)
und einem entsprechenden Kanal in umgekehrter Richtung. In Abb. 87
sehen wir die konkrete Ausformung der Kanäle. Dabei kann man natürlich
fragen, ob die Darstellung des Telephons als Kanal von den Kunden zur
Firma angemessen ist: es können ja von der Firma auch Auskünfte an

Kunden gegeben werden. Es geht hier aber nur darum, einen bestimmten *Aspekt* der Telephonbenutzung darzustellen, nämlich die Übermittlung von Aufträgen von Kunden zur Firma. In anderen Fällen kann das Telephon selbstverständlich auch als F-K-Kanal oder eben als in beiden Richtungen zugleich verwendbar auftreten. Mit den Abb. 88 und 89 werden erste Versuche unternommen, das Innere der Firma zu beleuchten. Die beiden Darstellungen schließen sich nicht, wie man zunächst befürchten könnte, wechselseitig aus, so daß man eine von ihnen als richtig, die andere als falsch bezeichnen müßte. Vielmehr stellen sie verschiedene Aspekte desselben Systems dar und finden mit Abb. 90 eine gemeinsame Verfeinerung.

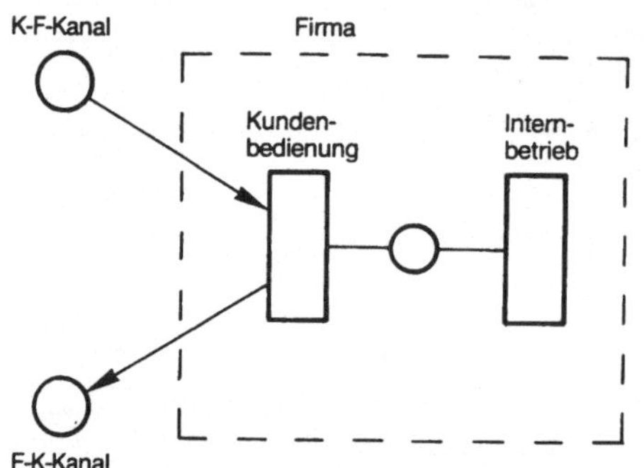

Abb. 88. Verfeinerung eines Ausschnittes aus Abb. 86

Abb. 89. Verfeinerung eines Ausschnittes aus Abb. 86

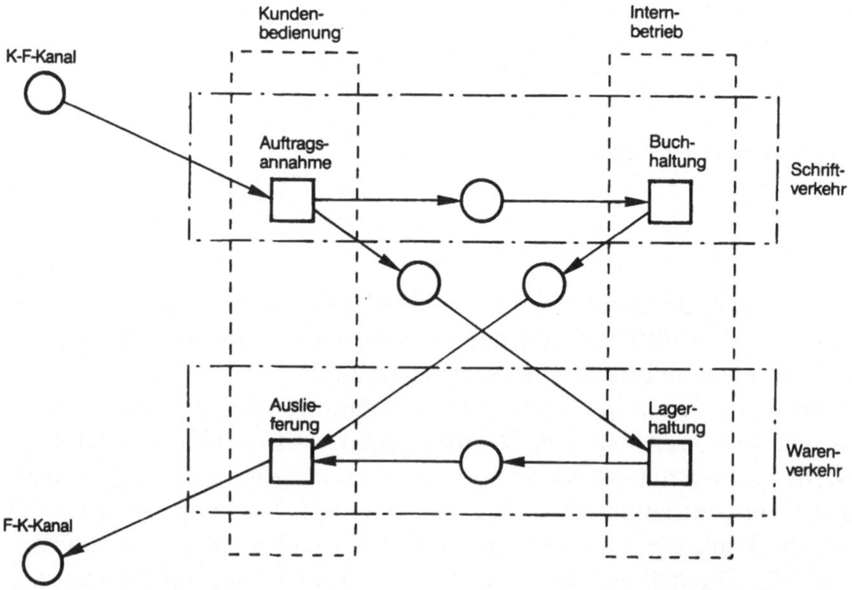

Abb. 90. Gemeinsame Verfeinerung von Abb. 88 (– – – – – –) und Abb. 89 (— · — · —)

Mit Abb. 91 beginnt die Modellierung eines neuen Bereichs, nämlich der Beziehungen unserer Firma zu den Herstellern der Waren, die sie verkauft. Auf die Struktur dieser Beziehungen gehen wir hier, außer mit Abb. 92, nicht näher ein.

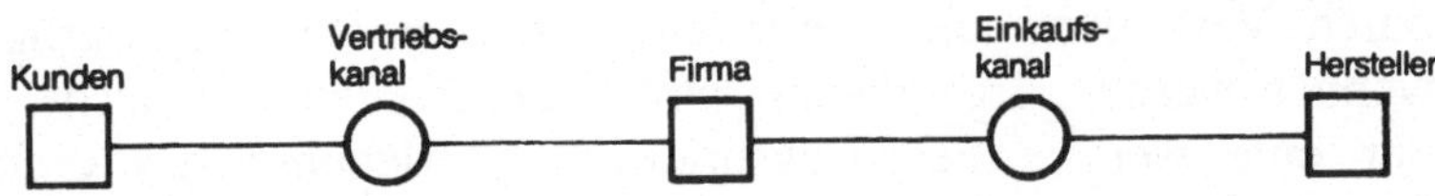

Abb. 91. Einbettung von Abb. 85

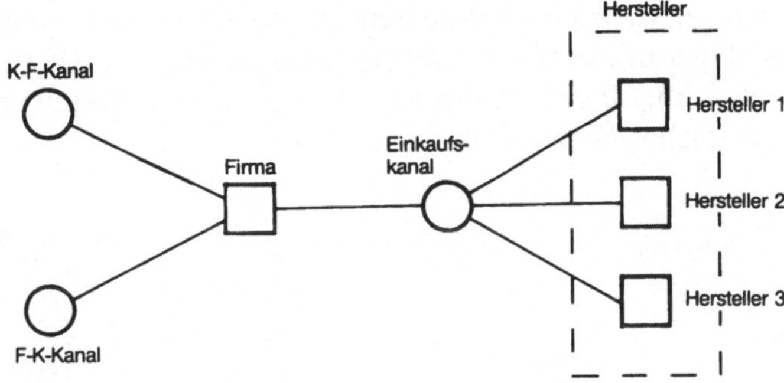

Abb. 92. Verfeinerung eines Ausschnitts aus Abb. 91

Abb. 93 zeigt schließlich, wie Querverbindungen zwischen bereits konstruierten Netzen aussehen können.

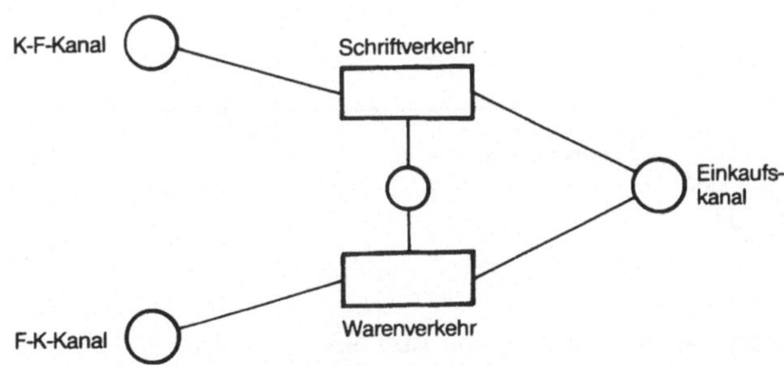

Abb. 93. Einbettung von Abb. 89 und Verfeinerung eines Ausschnitts aus Abb. 92

7.3 Der Übergang zu anderen Netzmodellen

Schon in Kapitel 4, erst recht aber am eben eingeführten Firmen-Beispiel ist deutlich geworden, daß bei der Modellierung eines größeren Systems zunächst Netze aus Kanälen und Instanzen verwendet werden, aus denen durch Verfeinern und Einbetten schrittweise aussagekräftigere Netze gewonnen werden. Irgendwann wird dabei ein Punkt erreicht, wo nicht mehr nur eine weitere Feinstrukturierung (Zerlegung) des Gesamtsystems in Teilsysteme vorgenommen wird, sondern auch dynamisches Verhalten genauer modelliert werden soll.

Im Rahmen unseres Firmen-Beispiels gab es bisher kein Netz, in dem sinnvoll (der Problemstellung angemessen) das dynamische Verhalten des Systems mit den Schaltregeln beschreibbar ist, die wir kennen. Ausgehend von Abb. 90 genügt uns jedoch ein weiterer Verfeinerungsschritt, damit wir ein solches Netz erhalten (Abb. 94).

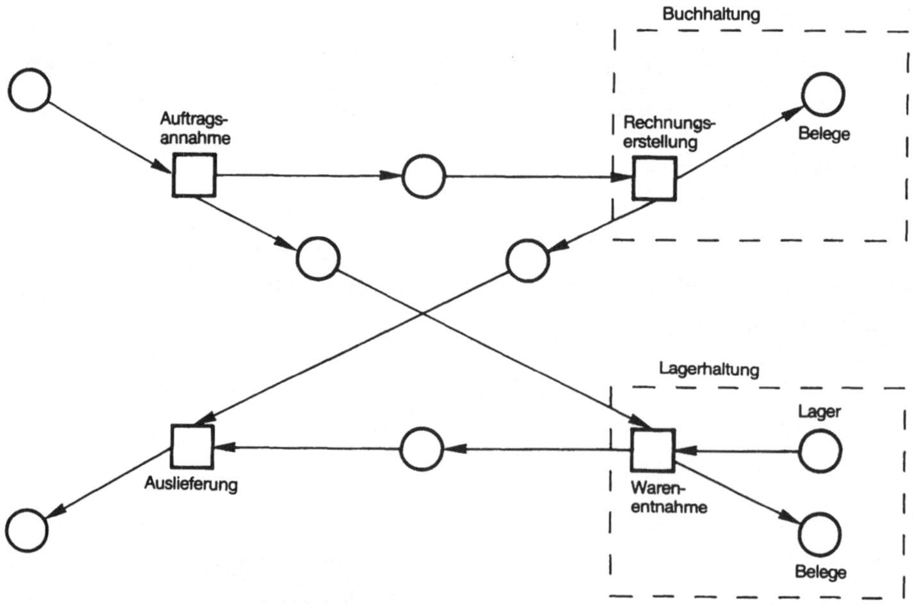

Abb. 94. Verfeinerung von Abb. 90

Mit Pfeilanschriften und mit Angabe einer Anfangsmarkierung entsteht in Abb. 95 ein Netz mit individuellen Marken. Dabei wird sichtbar, daß die Firma bestrebt ist, Aufträge *schnell* zu erledigen: während die Buchhaltung die Rechnung erstellt, kann die Ware schon aus dem Lager geholt und zur

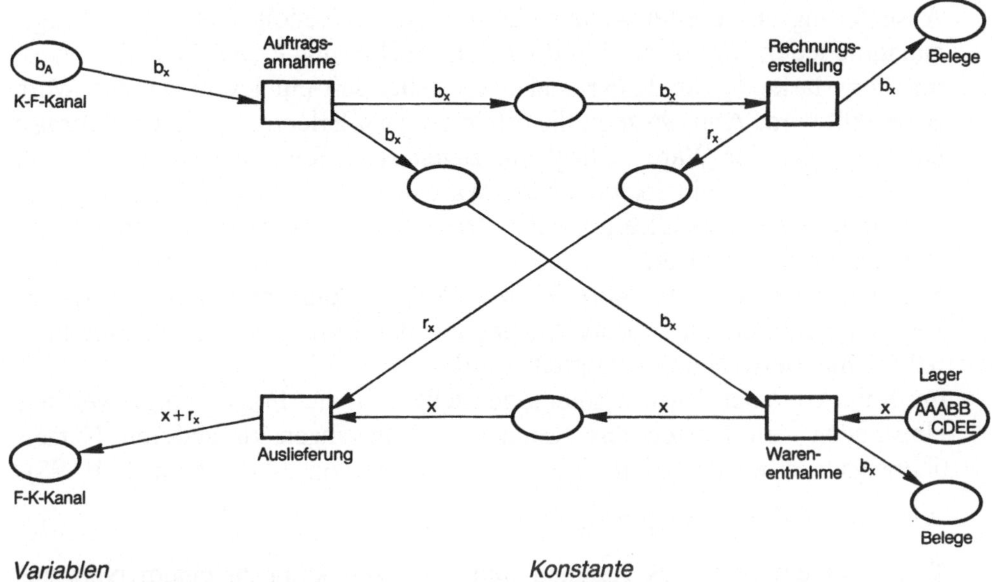

Variablen

b_x Bestellzettel für die Ware x
r_x Rechnung für die Ware x
x Exemplar der Ware x

Konstante

b_A Bestellzettel der Ware A

Abb. 95. Verfeinerung von Abb. 84 zu einem Netz mit individuellen Marken

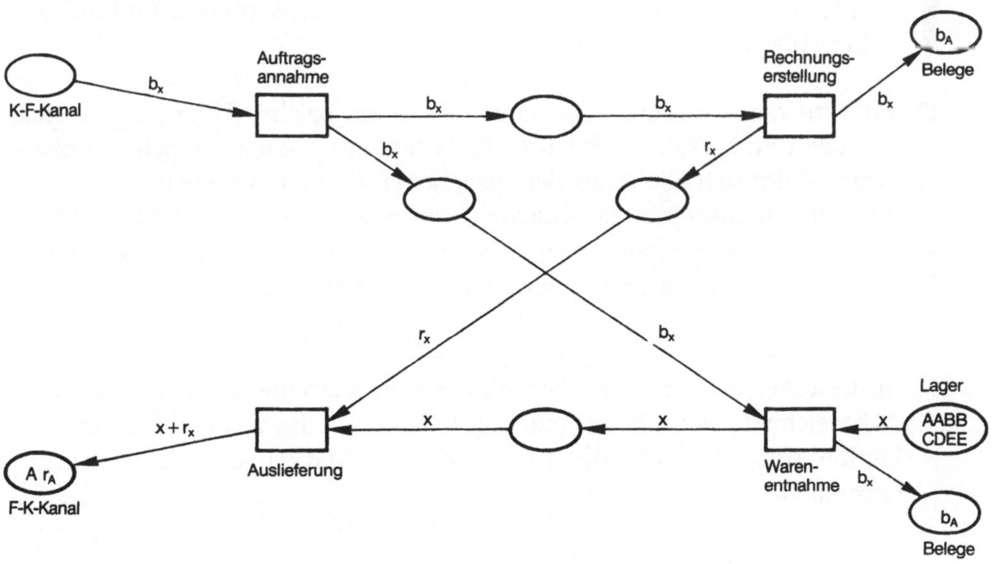

Abb. 96. Situation nach Erledigung des in Abb. 85 gegebenen Auftrags

Auslieferung vorbereitet werden. Dazu ist es notwendig, daß die Auftragsannahme jeden Bestellzettel in doppelter Ausführung erstellt. In Abb. 95 ist mit der Marke b_A im K-F-Kanal dargestellt, daß ein Exemplar der Ware A bestellt wird. Abb. 96 zeigt die Situation nach Erledigung dieses Auftrags: ein Exemplar der Ware A liegt mit zugehöriger Rechnung im F-K-Kanal, das Lager hat nun ein Exemplar der Ware A und als Beleg für die konkrete Entnahme einen Bestellzettel mehr; desgleichen verwahrt die Rechnungserstellung ihren Bestellzettel.

Das markierte Netz aus Abb. 95 bzw. Abb. 96 kann nun weiter verfeinert werden, natürlich unter Berücksichtigung der Prinzipien, die in Abschnitt 6.2 für markierte Netze aufgestellt wurden.

Im Rahmen einer Entwurfsmethode stellt sich die Frage, unter welchen Umständen von Netzen aus Kanälen und Instanzen zu anderen Netzen übergegangen werden kann (wie beispielsweise von Abb. 94 zu Abb. 95).

Wir geben dafür die folgenden Kriterien an:

> Von einem Netz aus Kanälen und Instanzen kann zu einem Netz aus Bedingungen und Ereignissen, aus Stellen und Transitionen oder mit individuellen Marken übergegangen werden, wenn auf der gewählten Abstraktionsebene
> - jeder Kanal eine Funktionseinheit darstellt, die Objekte speichert, aber nicht verändert;
> - jede Instanz eine Funktionseinheit darstellt, die Objekte verändert, aber nicht speichert;
> - jede von einer Transition dargestellte Funktionseinheit, die in Aktion tritt, von allen ihren Eingangskanälen Objekte entnimmt und auf alle ihre Ausgangskanäle Objekte ablegt.

Damit wird nicht verlangt, daß dann, wenn ein solcher Übergang möglich ist, er auch durchgeführt werden muß. Wann dieser konkrete Schritt vollzogen wird, sollte sich allein aus dem gegebenen Problem ergeben.

Das Markieren eines Netzes behandeln wir in der Systematik der Systementwicklung wie das Verfeinern einer Stelle oder einer Transition. In beiden Fällen wird das Wissen über einen Systemausschnitt vertieft.

> Im weiteren wird ein Netz B auch dann als Verfeinerung eines Netzes A bezeichnet, wenn B ein markiertes Netz ist, das aus einem unmarkierten Netz A durch die Ergänzung von Marken und Anschriften entsteht.

7.4 Erweiterungen des Beispiels

Wir werden nun einige Erweiterungen unseres Beispiels betrachten. Dabei geht es darum, individuelle Kunden zu berücksichtigen, die Art und Weise der Auftragsannahme und Warenauslieferung zu präzisieren und schließlich die Kreditwürdigkeit der Kundschaft zu überprüfen.
Die Abb. 95 bzw. 96 zeigen auf einer sehr groben Ebene, wie Aufträge von der Firma erledigt werden. In Abb. 87 wurde schon sichtbar, daß verschiedene Kunden über verschiedene Kanäle Waren bestellen und erhalten können. In Abb. 97 ist Abb. 95 so verfeinert, daß diese verschiedenen Kanäle sowie die Kunden selbst mit in die Darstellung einbezogen werden. Ein Auftrag besteht nun aus der Bestellung einer Ware x und der Angabe des Kunden y. Die Ladentheke nimmt eine Sonderstellung ein: wer dort kauft (und bar bezahlt), tritt bei der Rechnungserstellung nicht als individueller Kunde in Erscheinung; vielmehr wird dort die Ladentheke selbst als Kunde angesehen.
An der Ladentheke bestellte Ware wird auch dort ausgeliefert. Ansonsten entscheidet die Instanz „Auslieferung", ob die Ware vom betriebseigenen Zustelldienst oder mit der Paketpost überbracht wird. Die Kriterien, nach denen diese Entscheidung getroffen wird, sind nicht dargestellt. Man beachte den entsprechenden Konflikt in Abb. 97!
Eine weitere (und letzte) Erweiterung unseres Beispiels betrifft die Rechnungserstellung. Hier soll es darum gehen, die Kreditwürdigkeit der Kunden zu überprüfen und „faule" Kunden nicht zu beliefern. Wie Abb. 98 zeigt, unterscheiden wir dabei zwischen
1. neuen,
2. guten und
3. „faulen" Kunden.

Wie nun im Detail die Kunden bedient werden, zeigt Abb. 99: Kernstück ist eine Liste, in der jeder bisherige Kunde der Firma einmal aufgeführt ist (eine Doppeleintragung wird ausgeschlossen). In der Liste ist hinter dem Namen jedes Kunden sein Status eingetragen. Der Status ist entweder positiv (+) oder negativ (–) und gibt an, ob der Kunde kreditwürdig ist oder nicht. Neue Kunden werden zunächst einmal als kreditwürdig angesehen. Die Ladentheke wird hier ebenfalls wie jeder andere kreditwürdige Kunde behandelt.

Es wird von einer geringen Anzahl kreditunwürdiger Kunden ausgegangen. Die in Abschnitt 7.3 diskutierten Vorteile einer schnellen Kundenbedienung überwiegen dann den Aufwand, der bei Ablehnung eines „faulen" Kunden dadurch entsteht, daß die zur Auslieferung bereitgestellte Ware wieder ins Lager zurückgebracht werden muß.

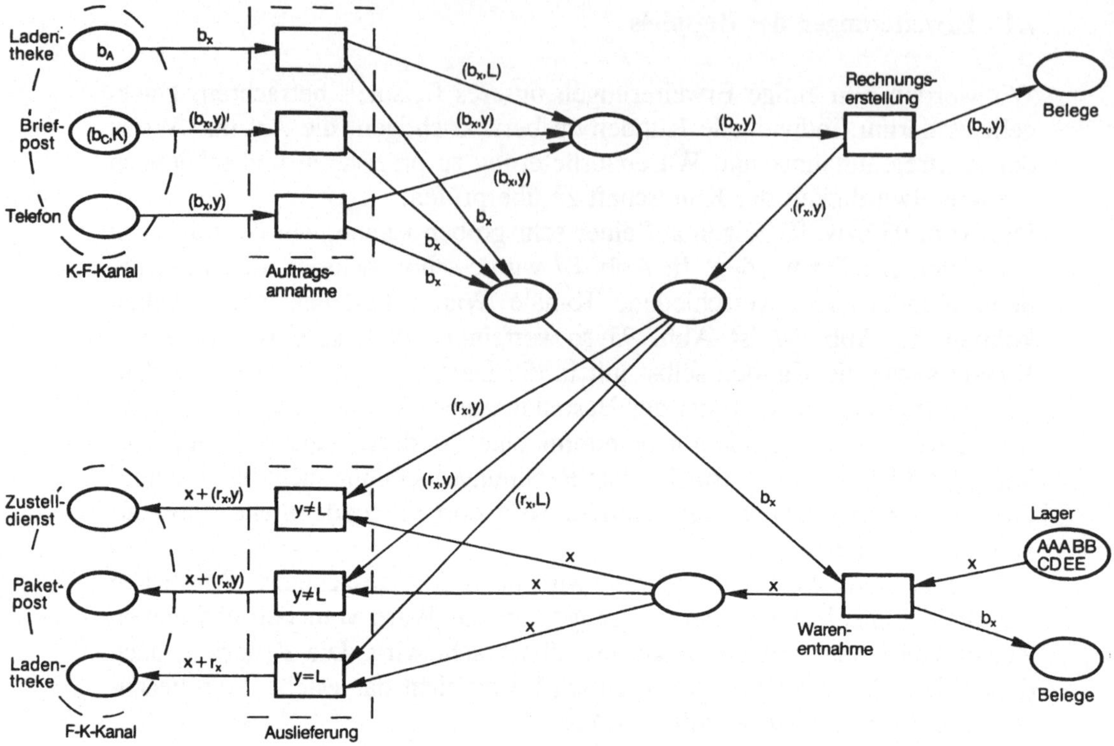

Abb. 97. Gemeinsame Verfeinerung von Abb. 85 und eines Ausschnitts aus Abb. 77

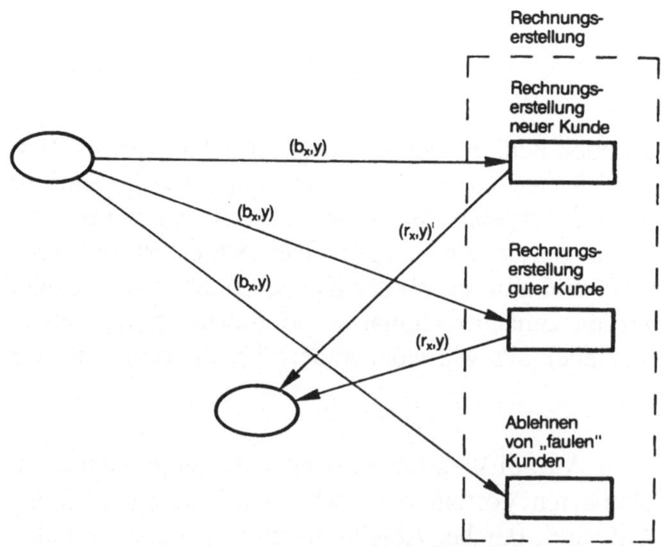

Abb. 98. Verfeinerung eines Ausschnitts aus Abb. 97

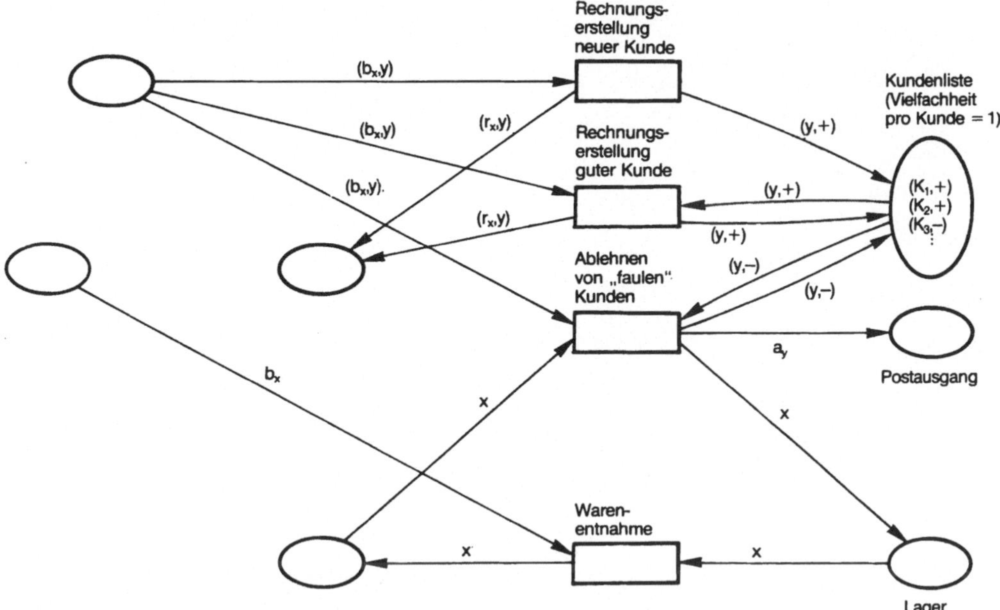

Abb. 99. Einbettung von Abb. 91

In diesem Abschnitt wurden markierte Netze verfeinert. Wie man leicht sieht, sind diese Verfeinerungen markentreu.

Mit der Kundenliste aus Abb. 91 ist eine Komponente gegeben, die bereits als Teil einer Implementierungs-Spezifikation aufgefaßt werden kann.

Aufgabe 33

Welche Markierung entsteht, nachdem in Abb. 97 die beiden angegebenen Aufträge erledigt sind?

Lösungen der Aufgaben

Aufgabe 1

Der Kanal wird ersetzt durch zwei hintereinanderliegende Speicherzellen. Der Kanal selbst ist in Abb. 11 nicht dargestellt sondern die Bedingung, die besagt, ob der Kanal leer ist. Entsprechend bilden wir nun Bedingungen die besagen, ob die Speicherzellen leer sind. Daß die Speicherzellen hintereinander liegen bedeutet, daß von der ersten Speicherzelle Objekte zur zweiten übergehen können. Im Modell muß es also ein entsprechendes Ereignis geben, dessen Eintritt die Bedingung „Speicherzelle 1 belegt" unerfüllt und die Bedingung „Speicherzelle 2 belegt" erfüllt macht.

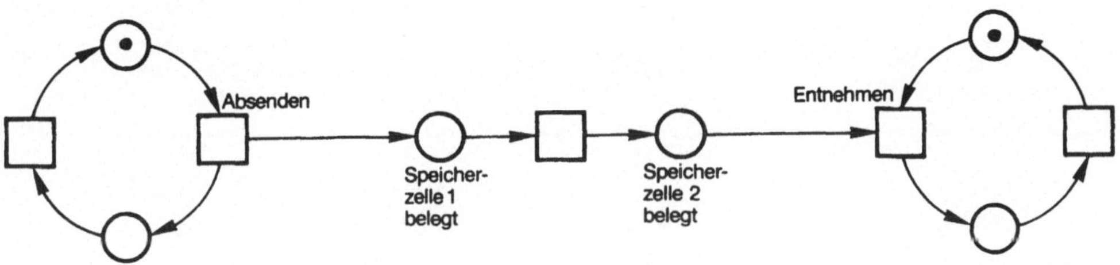

Abb. 100

Aufgabe 2

a) Die Bedingung „Es ist Herbst oder Winter" ist symmetrisch zu der in Abb. 14 dargestellten Bedingung „Es ist Winter oder Frühling". Mit dem Herbstanfang wird „Es ist Herbst oder Winter" wahr, mit dem Frühlingsanfang (der ja identisch mit dem Winterende ist) wird sie falsch.
b) „Es ist nicht Sommer" wird mit dem Herbstanfang wahr und bleibt wahr bis zum Sommeranfang.

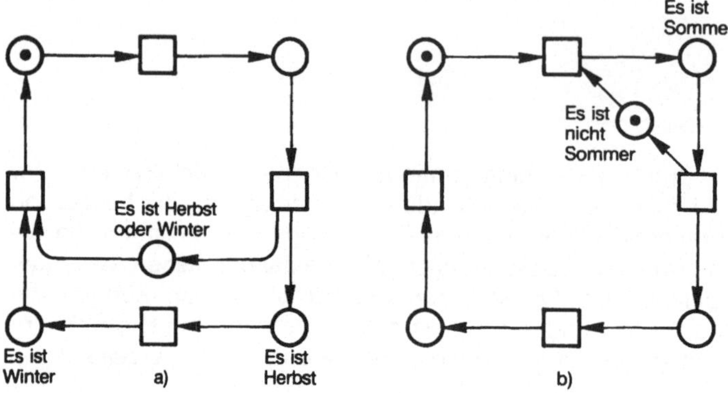

Abb. 101

Aufgabe 3

a) Im Jahreszyklus wird „Es ist Sommer oder Winter" zweimal wahr und zweimal falsch.
Beachte, daß „Es ist Sommer oder Winter" gemeinsame Vorbedingung von „Herbstanfang" und „Frühlingsanfang" ist. Es entsteht aber nie ein Konflikt, da die genannten Ereignisse niemals zugleich aktiviert sind.

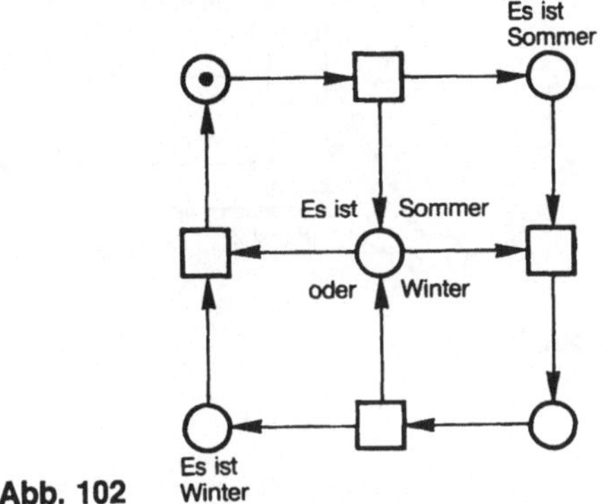

Abb. 102

b) Man konstruiert einen dritten Zyklus und verbindet ihn mit der Bedingung „Schlüssel ist frei".

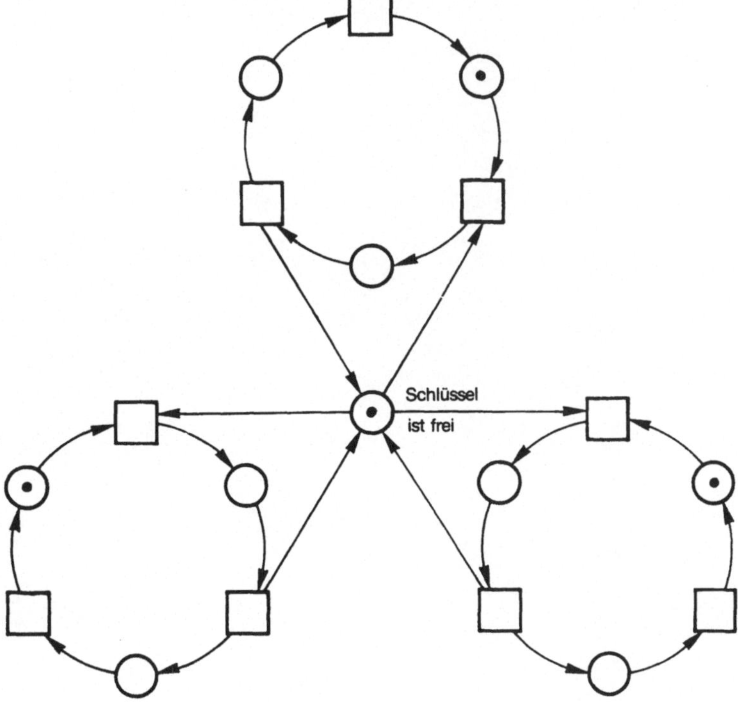

Abb. 103

Aufgabe 4

Ist das System sendebereit, so ist zu entscheiden, welcher Kanal belegt werden soll. Sind beide unbelegt, so liegt ein Konflikt vor. Entsprechendes gilt, wenn das System entnahmebereit ist.

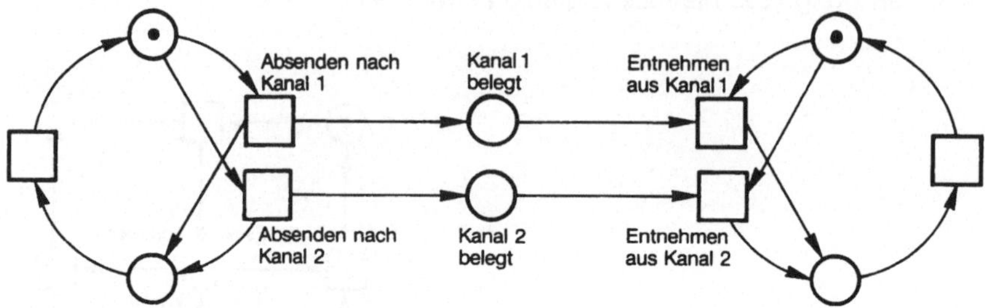

Abb. 104

Aufgabe 5

Die Abb. 14 und 15 sind beide kontaktfrei.

Aufgabe 6

Die vier „äußeren" Bedingungen „Es ist Frühling", „Es ist Sommer" usw. haben „Es ist nicht Frühling", „Es ist nicht Sommer" usw. als Komplemente. Das Komplement zu „Es ist Winter oder Frühling" lautet „Es ist weder Winter noch Frühling" oder auch „Es ist Sommer oder Herbst".

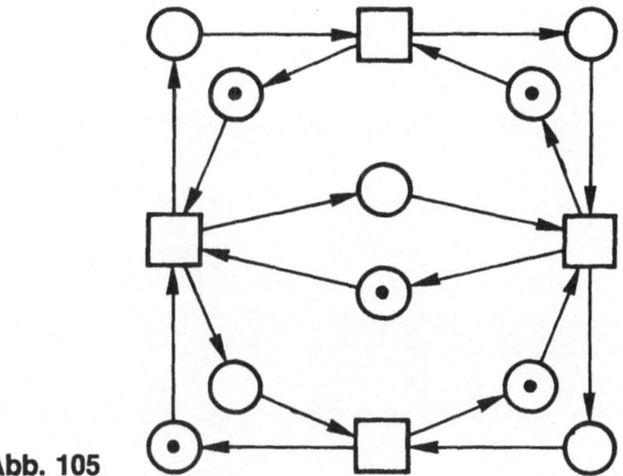

Abb. 105

Aufgabe 7

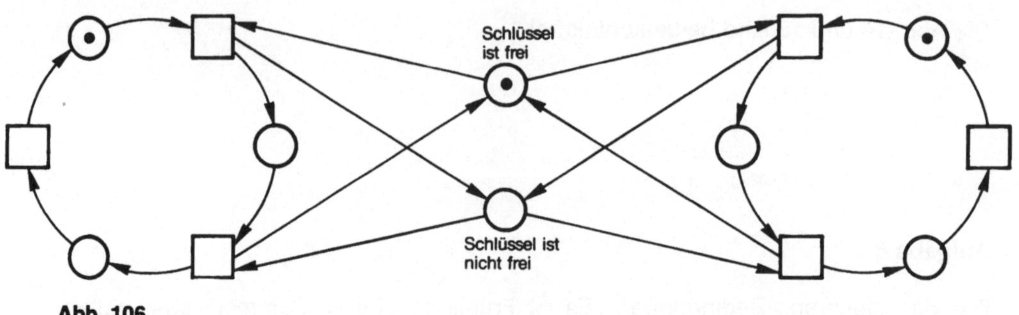

Abb. 106

Aufgabe 8

Für die graphische Darstellung der Prozesse wählen wir folgende Abkürzungen:

Zu Abb. 14: Im gegebenen Fall sind die Bedingungen 1 und 5 erfüllt. Beide sind Voraussetzungen für den Eintritt von *a*. Wir konstruieren einen Prozeß, in dem *a* zweimal eintritt und jedes andere Ereignis einmal.

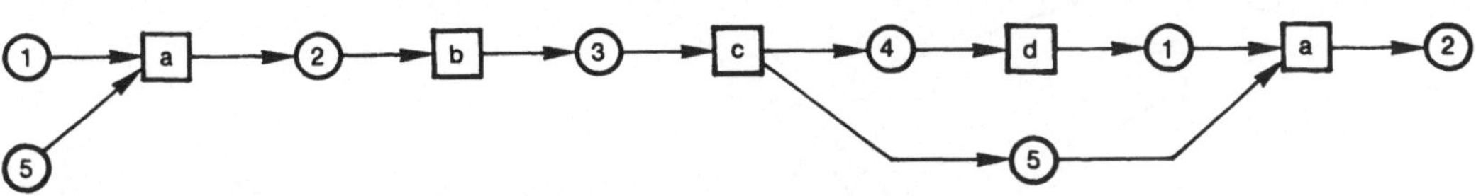

Abb. 107

Entsprechende Prozesse zu den in Aufgabe 2 und 3a verlangten Zusätzen haben folgende Gestalt (man beachte, daß es zu Abb. 14 genau einen unbeschränkten (nicht endenden) Prozeß gibt und daß jeder andere Prozeß ein Anfangsstück davon ist; Entsprechendes gilt für alle Systeme aus Aufgabe 2 und Aufgabe 3a):

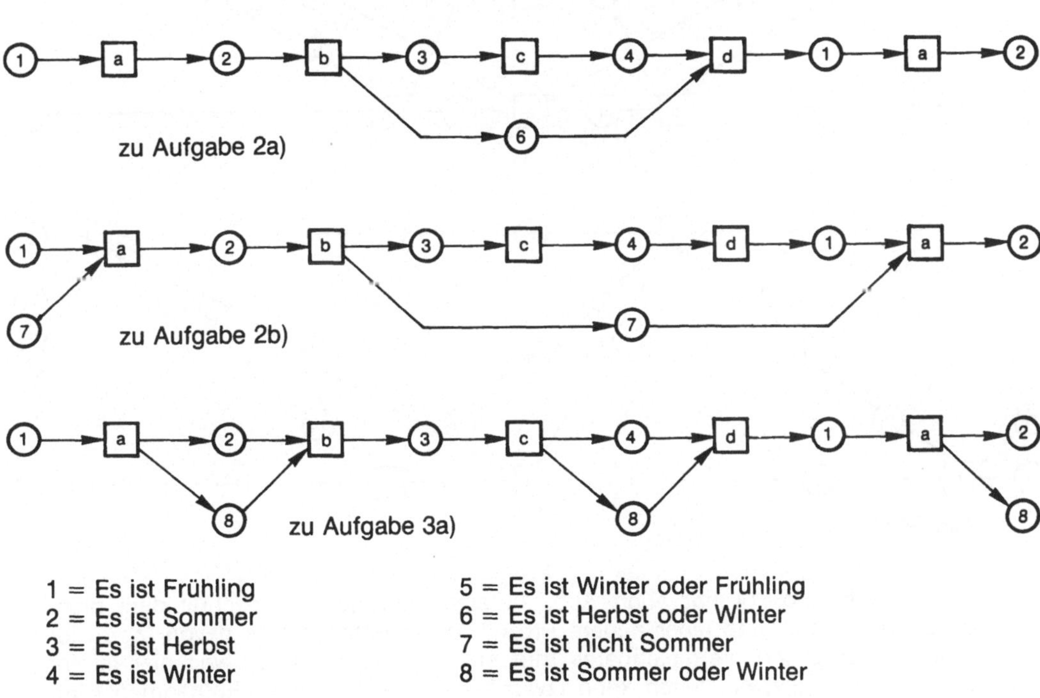

Abb. 108

Aufgabe 9

Drei Beispiele für Prozesse zu Abb. 20 sind:

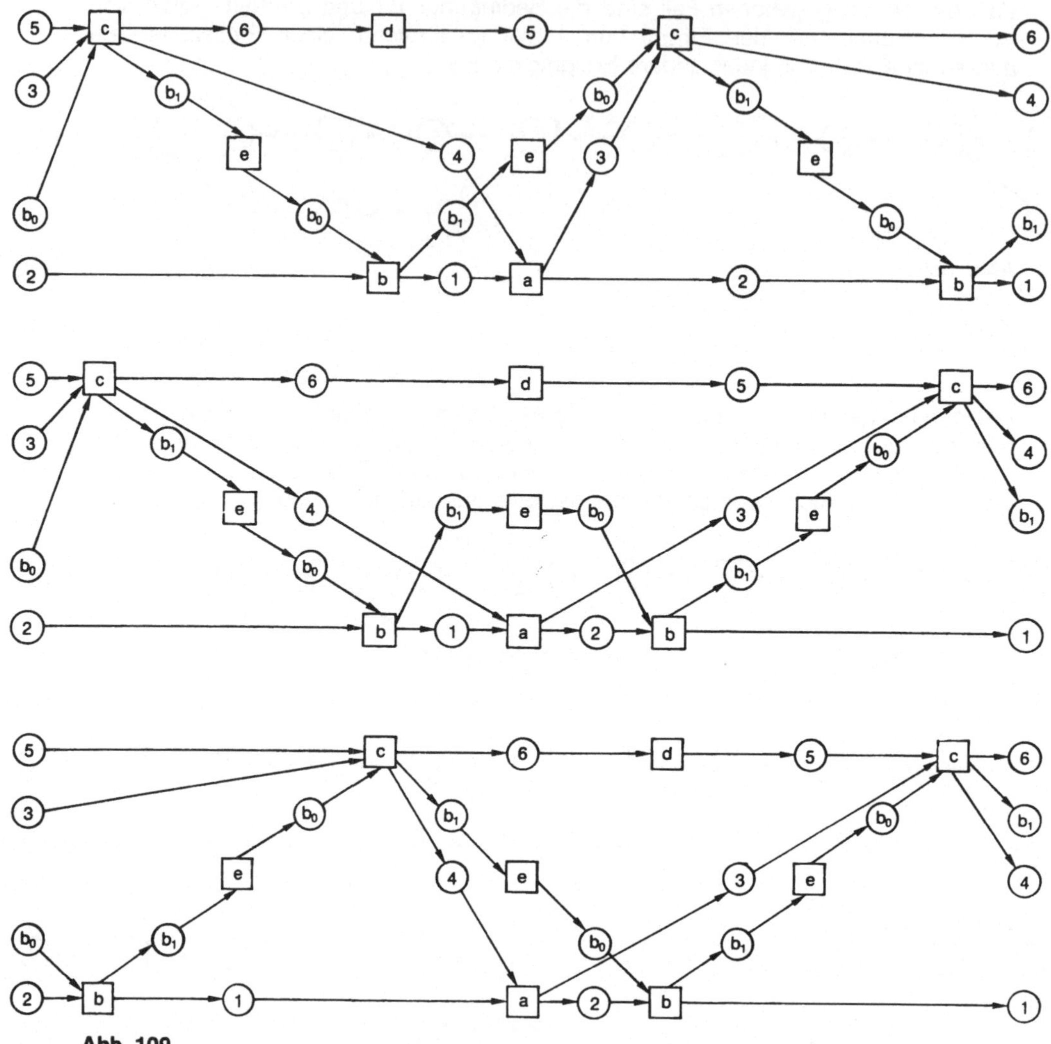

Abb. 109

Ähnlich wie Abb. 14 hat auch Abb. 18 einen einzigen, unbeschränkten, nicht endenden Prozeß, und jeder andere Prozeß ist ein Anfangsstück davon (z. B. der Prozeß in Abb. 21). Vergleichbares trifft auf Abb. 11 nicht zu, weil hier immer wieder ein Konflikt entstehen kann (zwischen „Erzeugen" und „Entnehmen"). So sind die oben dargestellten drei Prozesse nicht Anfangsstücke eines einzigen, längeren Prozesses. Die drei Prozesse sind Abb. 21 hinsichtlich ihrer oberen und unteren Linien ähnlich, wo sich die Ereignisse c und d, bzw. d und a abwechselnd wiederholen. Die Synchronisation zwischen diesen Linien ist bei ihnen jeweils verschieden.

Aufgabe 10

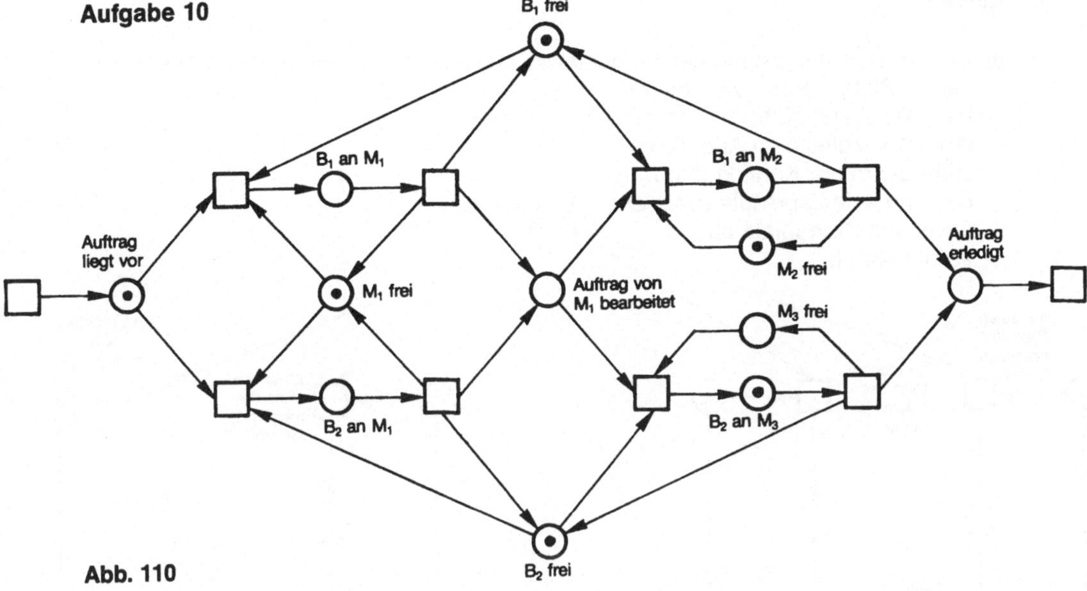

Abb. 110

Die Bedingung „M_2 frei" ist Komplement von „B_1 an M_2". In Abschnitt 1.4 wurde gezeigt, daß die Einführung eines Komplements das Systemverhalten nicht beeinflußt. Entsprechendes gilt für „M_3 frei" als Komplement von „B_2 an M_3". „M_1 frei" ist nicht Komplement irgendeiner Bedingung aus Abb. 24. Ihr Fehlen würde einen überlappenden Zugriff von B_1 und B_2 auf M_1 erlauben.

Aufgabe 11

a) Es gibt nun insgesamt vier Standplätze. Für jeden wird der gesamte Zyklus von „an. . . Platz der. . . Zs fahren" bis „von Zs wegfahren" konstruiert. Im Vergleich zu Abb. 25 entsteht ein neuer Konflikt dadurch, daß nun jede Zapfsäule von mehr als einem Standplatz aus erreichbar ist.

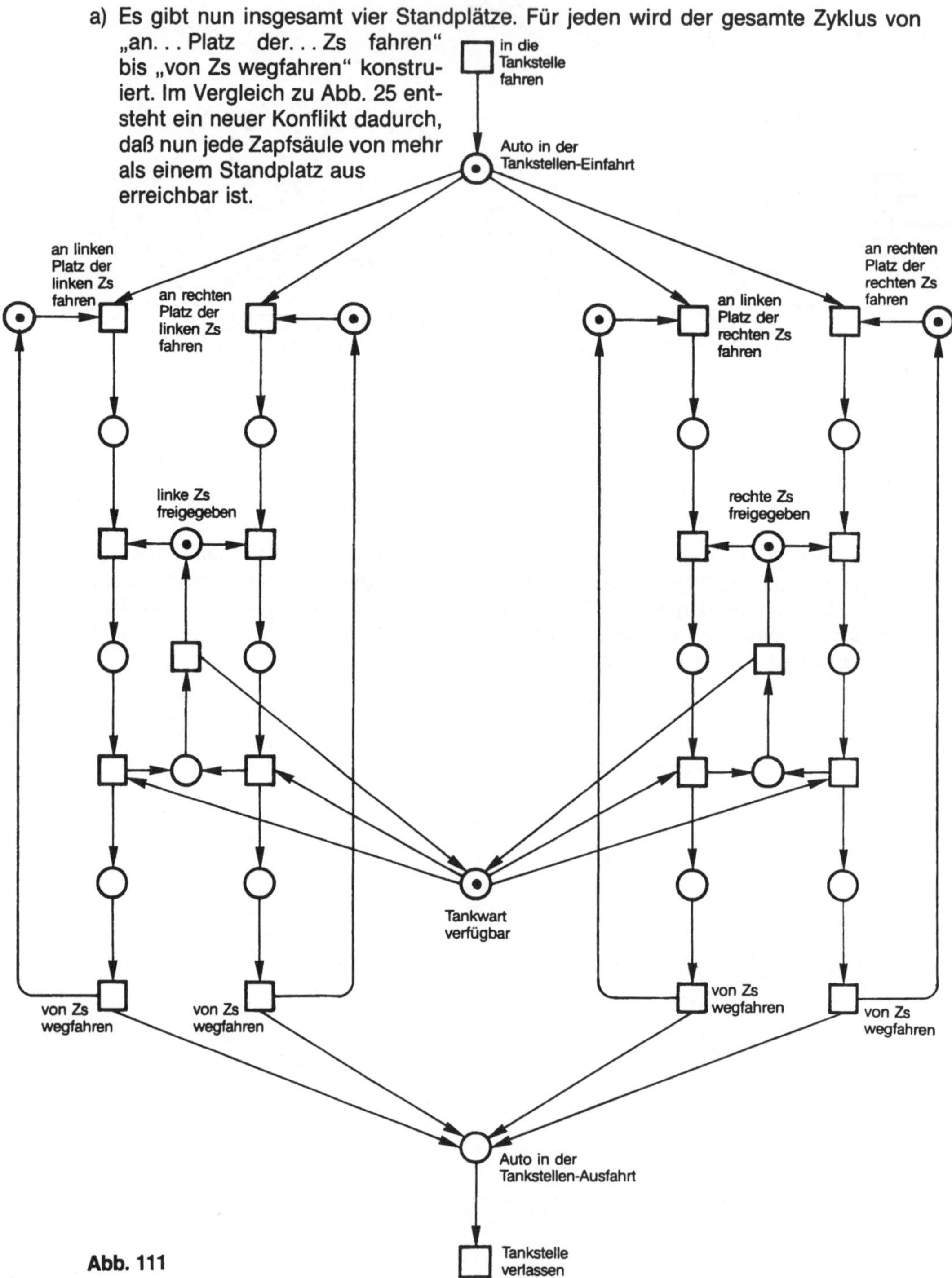

Abb. 111

b) Für jeden der beiden Tankwarte wird ein eigener Zyklus mit den Ereignissen „bezahlen" und „... Zs freigeben" konstruiert. Es entstehen neue Konflikte (zwischen *a* und *b*) dadurch, daß bei vorliegender Rechnung zwischen den beiden Tankwarten eine Wahl zu treffen ist.

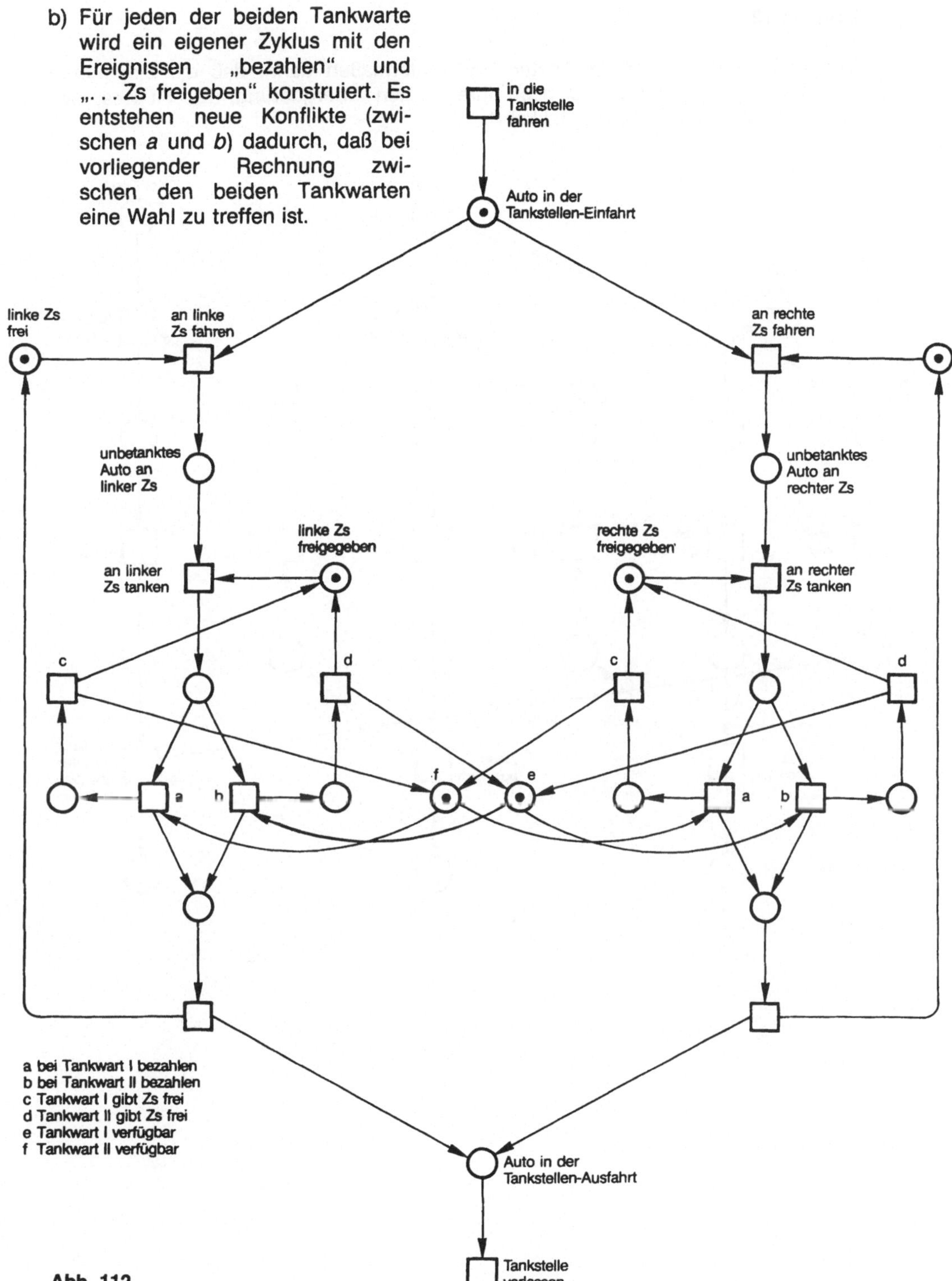

a bei Tankwart I bezahlen
b bei Tankwart II bezahlen
c Tankwart I gibt Zs frei
d Tankwart II gibt Zs frei
e Tankwart I verfügbar
f Tankwart II verfügbar

Abb. 112

Aufgabe 12

Eine Lösung des Problems besteht bekanntermaßen darin, daß die Ziege eine „Rundreise" unternimmt und nach ihrer ersten Überquerung des Flusses zwischenzeitlich ans alte Ufer zurückkehrt.

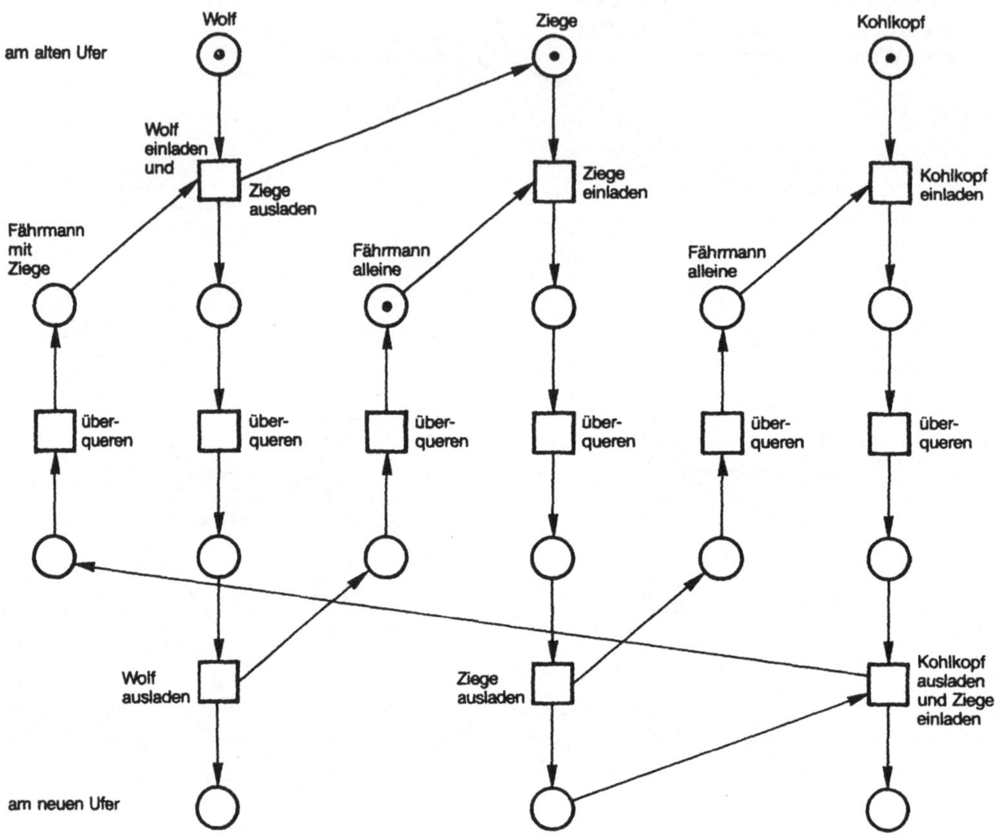

Abb. 113

Aufgabe 13

Das Absenden und das Entnehmen mehrerer Objekte in einem Schritt kann leicht mit Pfeilgewichten dargestellt werden. Die Beschränkung der entnahmebereiten Verbraucher auf höchstens einen wird mit einer Kapazitätsschranke modelliert.

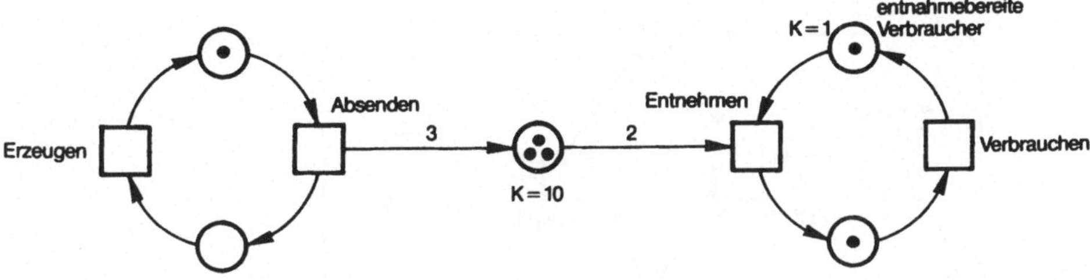

Abb. 114

Aufgabe 14

Wir haben nun vier gleichberechtigte Prozesse vor uns. Da alle zugleich lesen können, sind vier Schlüssel notwendig.

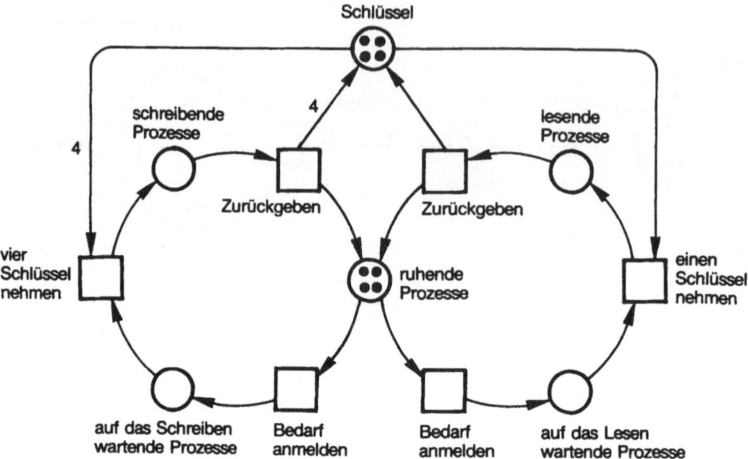

Abb. 115

Aufgabe 15

a) Zum Konstruieren von Komplementen sind Kapazitäten notwendig. Nur die Kapazität des Kanals ist bekannt (sie hat den Wert 10). Da im Erzeuger-Zyklus von Abb. 114 nie mehr als eine Marke liegt, ist dort eine Kapazität von eins ausreichend. Im Verbraucher-Zyklus können bis zu zwei Marken pro Stelle vorkommen, was aber auf einer der Stellen mit der Kapazitätsangabe $K=1$ explizit auf höchstens eins eingeschränkt ist. Ihr Komplement erhält somit auch eine Kapazität von eins.

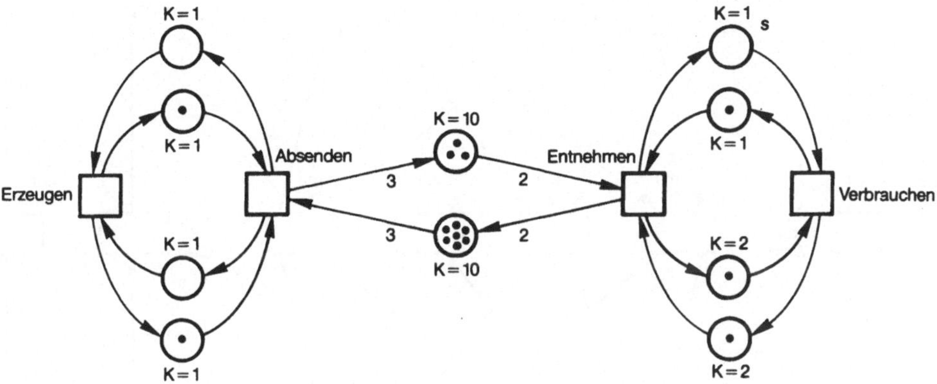

Abb. 116

b) Für die Kontaktfreiheit dieses Netzes sind nur die Komplemente des Kanals und der Stelle *s* notwendig. Die Komplemente der drei anderen Stellen sind nicht notwendig.

Aufgabe 16

a) In Abb. 41 sind acht verschiedene Markierungen erreichbar.
b) Bei zwei Händlern und zwei Käufern sind nun vier verschiedene Konstellationen von Händlern und Käufern möglich.

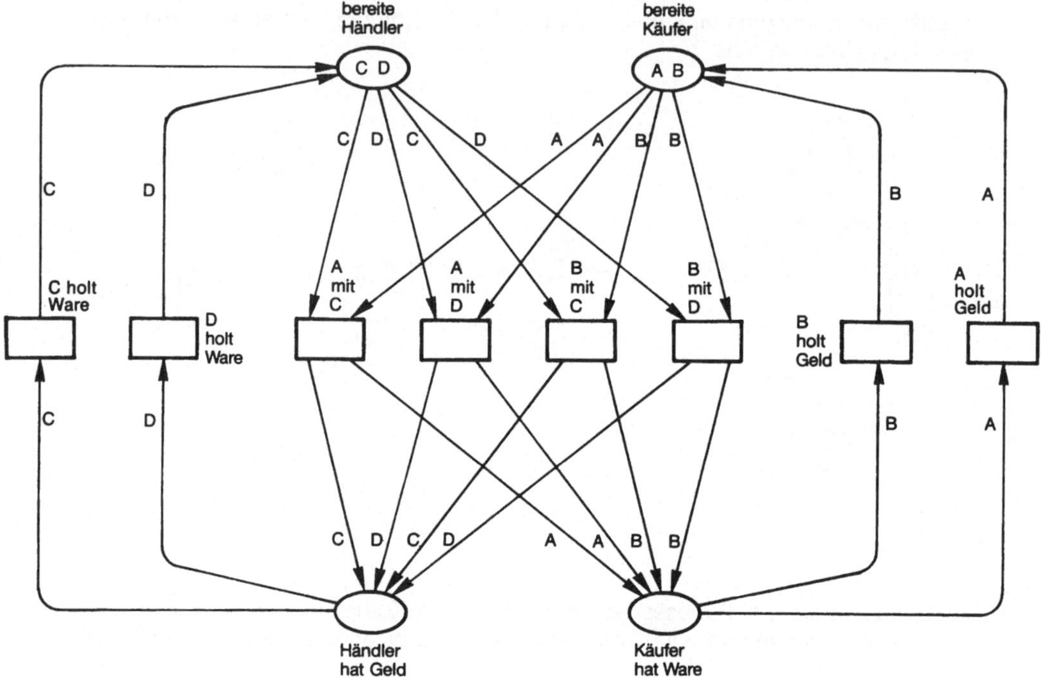

Abb. 117

Aufgabe 17

Eine neue Stelle wird eingeführt, die genau dann eine Marke trägt, wenn es Winter oder Frühling ist. Diese Stelle verhält sich also wie die Bedingung „Es ist Winter oder Frühling". Sie wird mit dem Winteranfang markiert und verliert mit dem Frühlingsende ihre Marke. Die Marke selbst sei mit WoF (=„Winter oder Frühling") bezeichnet.

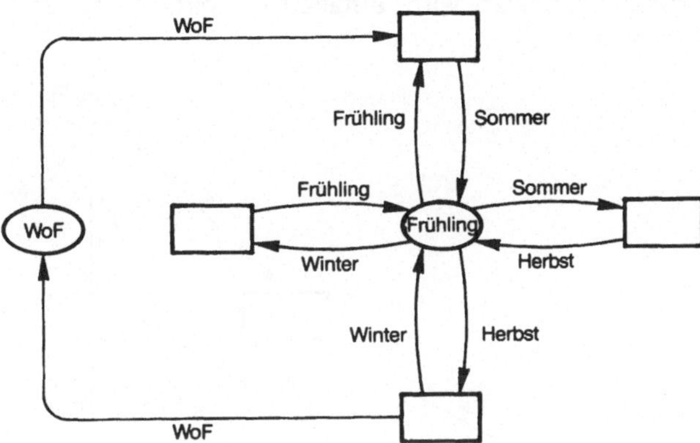

Abb. 118

Aufgabe 18

Wir verwenden die folgenden Abkürzungen für die individuellen Marken:
– Z für Ziege,
– K für Kohlkopf und
– W für Wolf.
Neben dem Fährmann F ist teilweise ein zweiter Gegenstand (die Ziege, der Kohlkopf oder der Wolf) im Boot. Da diese Situation natürlicherweise mit zwei Marken modelliert wird, erhalten die entsprechenden Pfeile die Anschriften F+Z, F+K bzw. F+W.

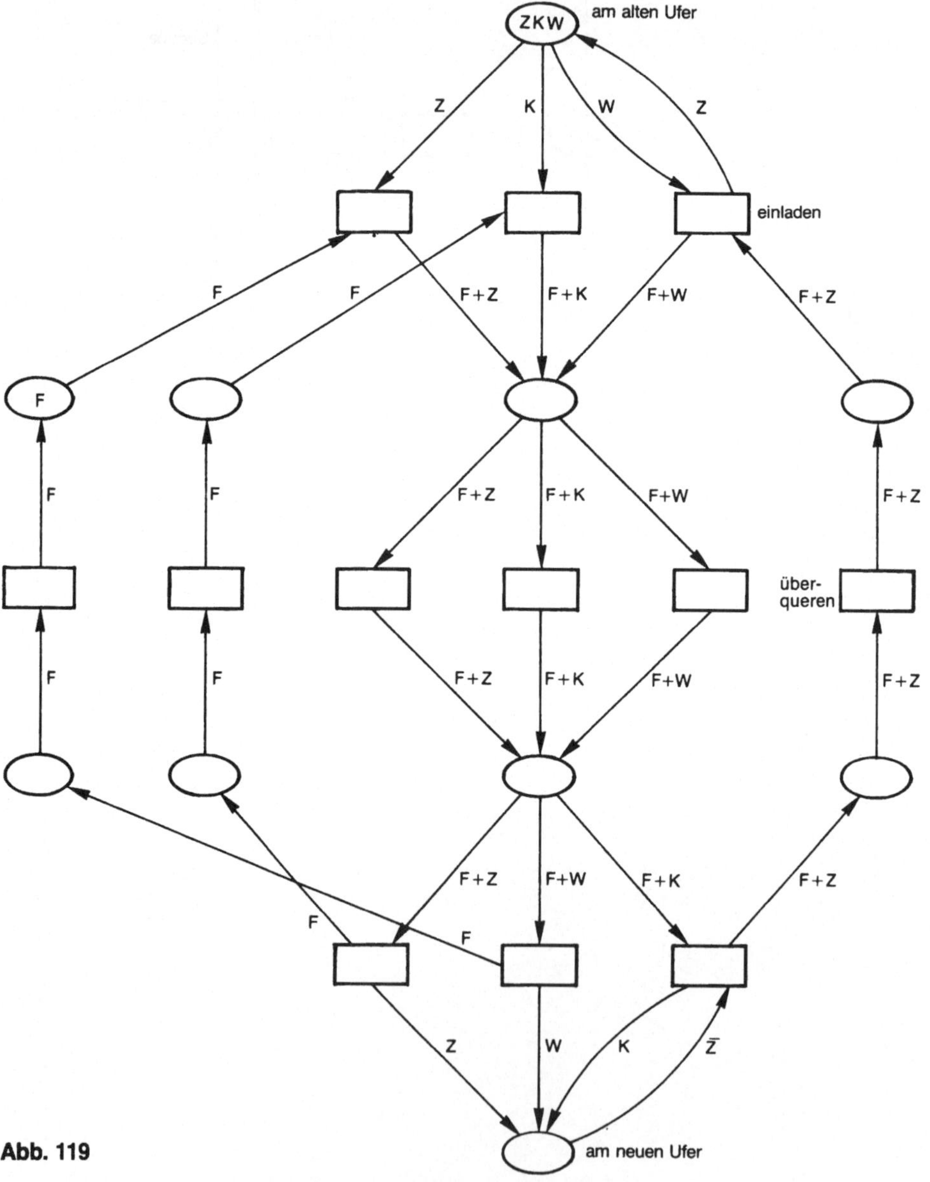

Abb. 119

Aufgabe 19

Wir verwenden die bereits in Abb. 24 benutzten Abkürzungen B_1, B_2, M_1, M_2 und M_3, sowie A (für „Auftrag") nun als individuelle Marken. Um anzudeuten, welcher Bearbeiter einen Auftrag bearbeitet, ergänzen wir die Marke A um den Bediener B_1 oder B_2. So können Marken der Form (B_1,A) oder (B_2,A) entstehen.

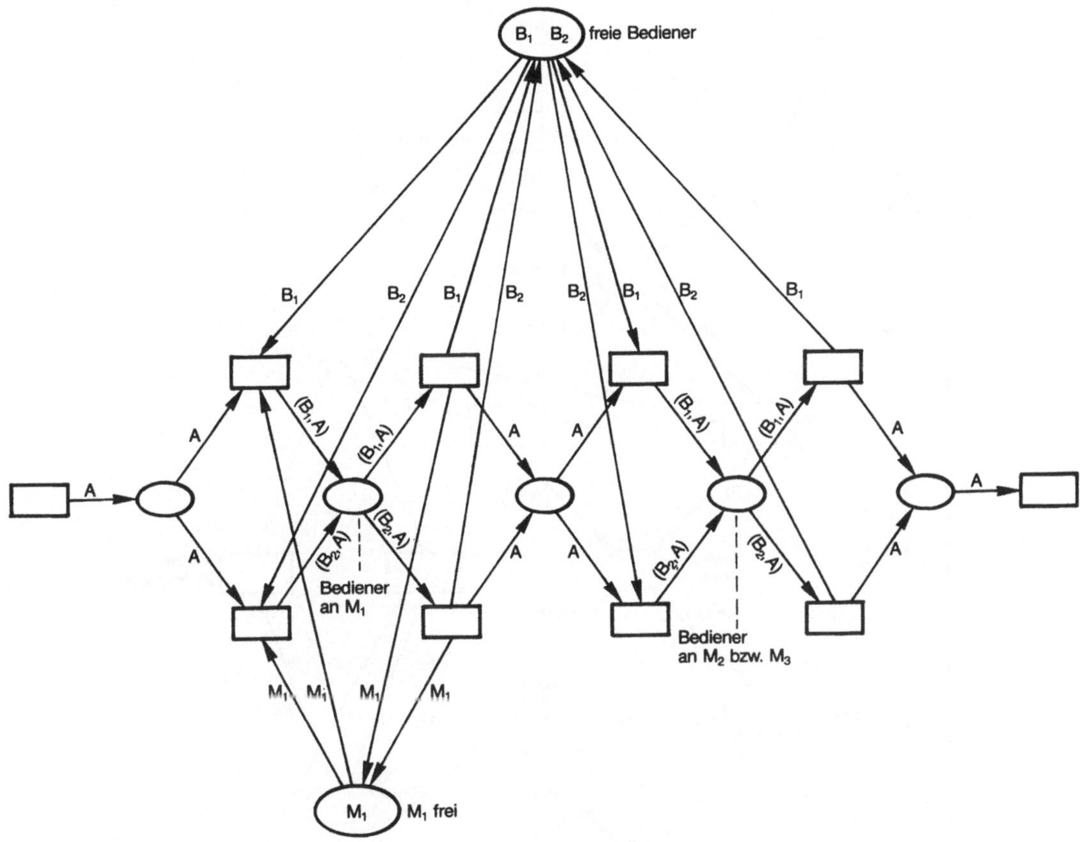

Abb. 120

Aufgabe 20

Wie in Aufgabe 19 ist es auch hier zweckmäßig, Paare von Objekten als individuelle Marken zu verwenden.

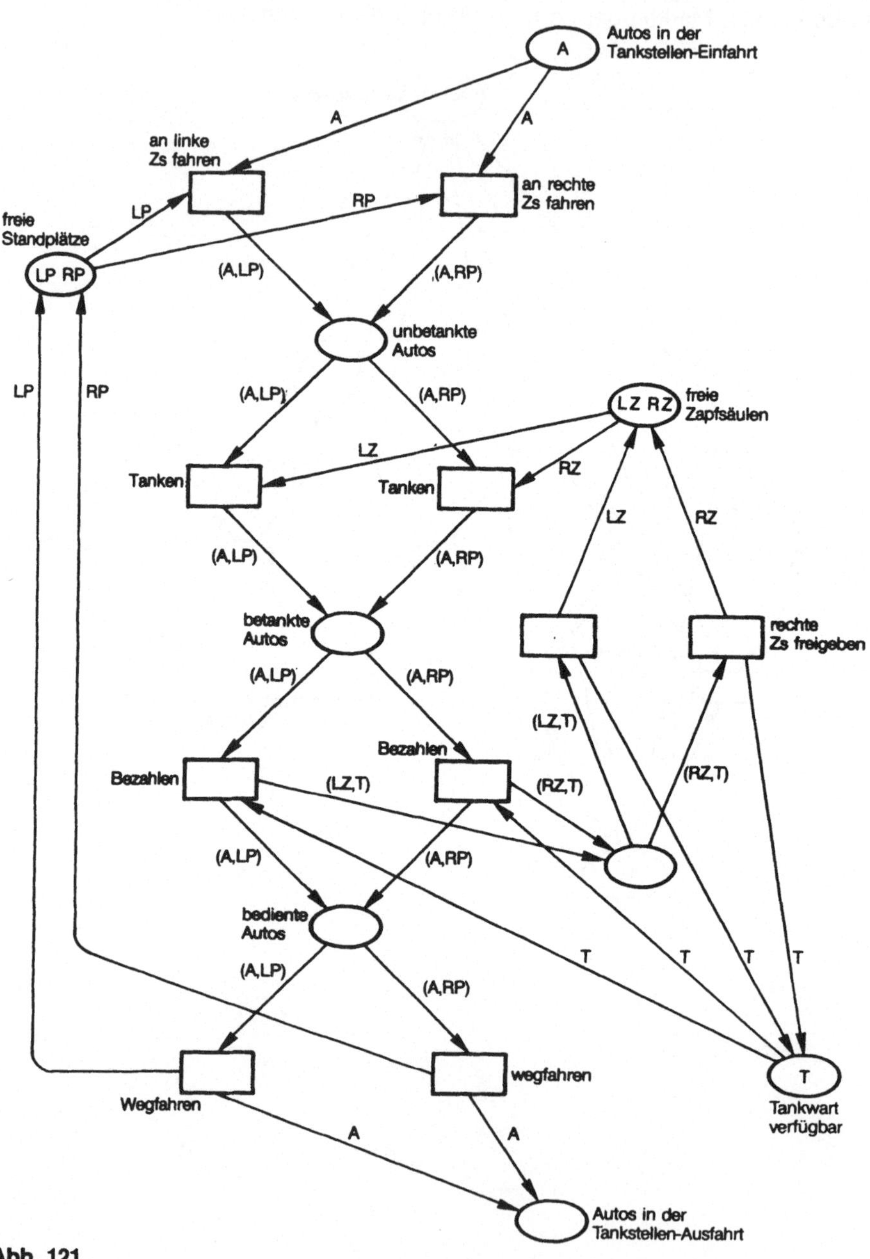

Abb. 121

Aufgabe 21

Gleichheit und Verschiedenheit von Variablen ist nur dann bedeutsam, wenn die entsprechenden Pfeile an derselben Transition beginnen oder enden. Um möglichst viele Variablen zu benutzen, können wir für jede Transition eigene Variablen verwenden, die dann nur in der Umgebung dieser Transition vorkommen. Um andererseits möglichst wenig verschiedene Variablen zu benutzen, können wir für jede Transition immer wieder dieselben Variablen an den Pfeilen ihrer Umgebung verwenden. So erhalten wir:

a) Sechs verschiedene Variablen können untergebracht werden.

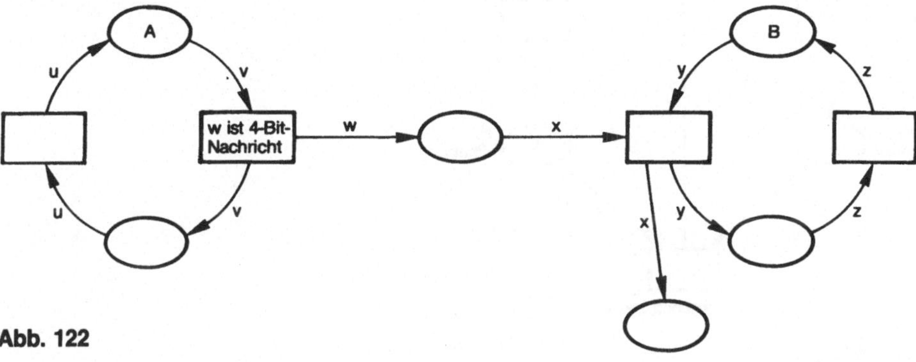

Abb. 122

b) Zwei verschiedene Variablen reichen aus.

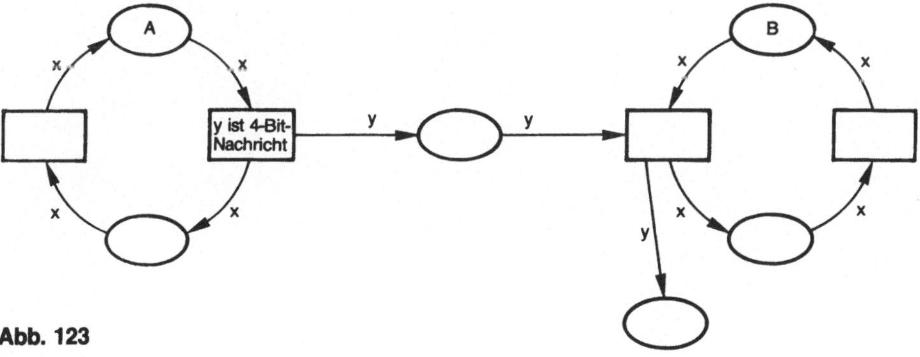

Abb. 123

Aufgabe 22

Wir wählen eine Konfiguration, in der eine Person als Händler und eine als Käufer auftreten möchte und alle anderen sich im Ruhestand befinden. Nachdem zwei Partner ein Geschäft abgewickelt haben, gehen sie beide zugleich in den Ruhestand über. Dies wird mit der Pfeilanschrift „$x+y$" dargestellt.

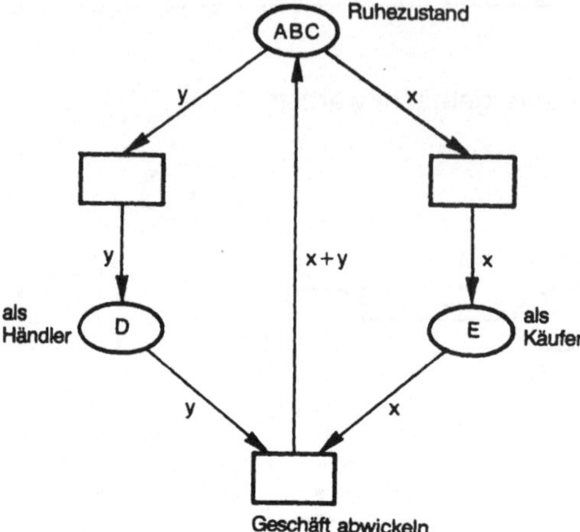

Abb. 124

Aufgabe 23

a) Wie in der Lösung zu Aufgabe 19, verwenden wir auch hier Paare aus Bedienern und Aufträgen als Marken.

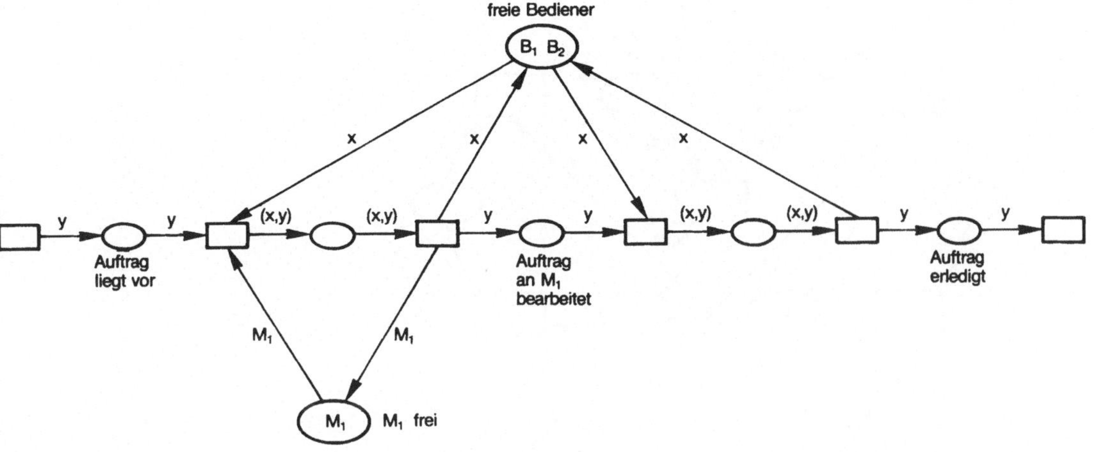

Abb. 125

b) Wir können nun das System der vier Jahreszeiten mit einer einzigen Schlinge darstellen. Dazu verwenden wir die Funktion „Nachfolger", die zu jeder Jahreszeit die darauffolgende angibt, also

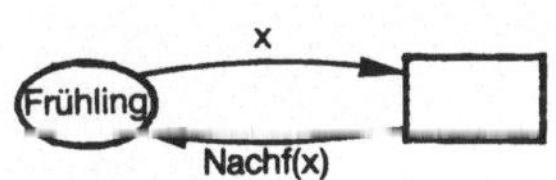

Nachf (Frühling) = Sommer,
Nachf (Sommer) = Herbst,
Nachf (Herbst) = Winter und
Nachf (Winter) = Frühling.

Abb. 126

Aufgabe 24

Eine Besonderheit dieser Aufgabe besteht darin, daß wir Paare von Dingen als Marken verwenden, die durch das Schalten einer Transition auseinandergebrochen und neu kombiniert werden.

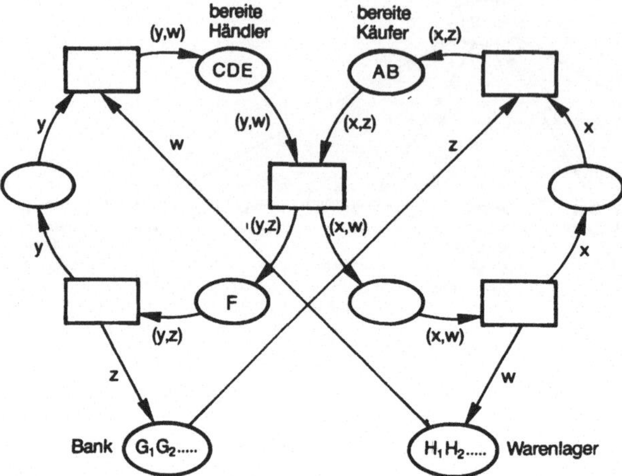

Abb. 127

Aufgabe 25

Hier mischen sich variable Pfeilanschriften mit Pfeilgewichten für „schwarze"
Marken.

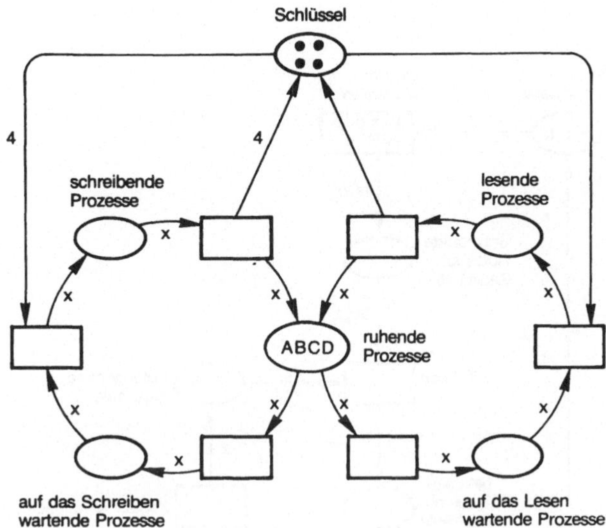

Abb. 128

Aufgabe 26

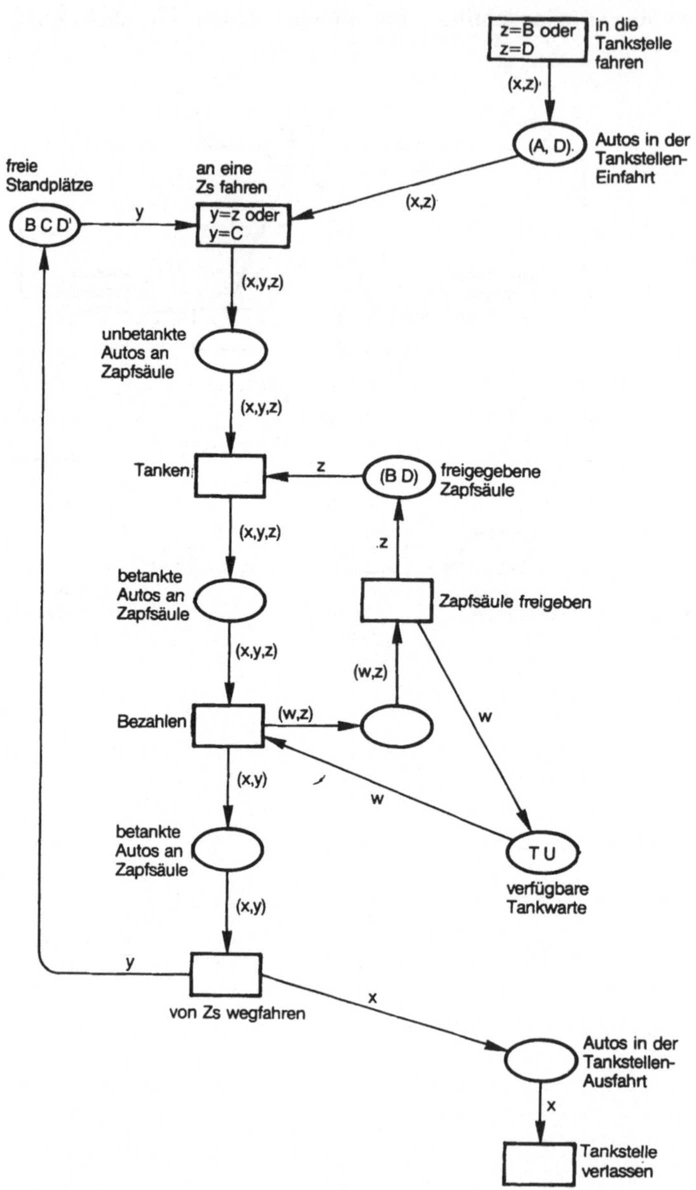

Abb. 129

Aufgabe 27

Für Bücher verwenden wir die Variablen x und y. Für ein Buch x bezeichne Best(x) einen Zettel mit einer Bestellung des Buches x und Karte(x) bezeichne die Karteikarte des Buches x.

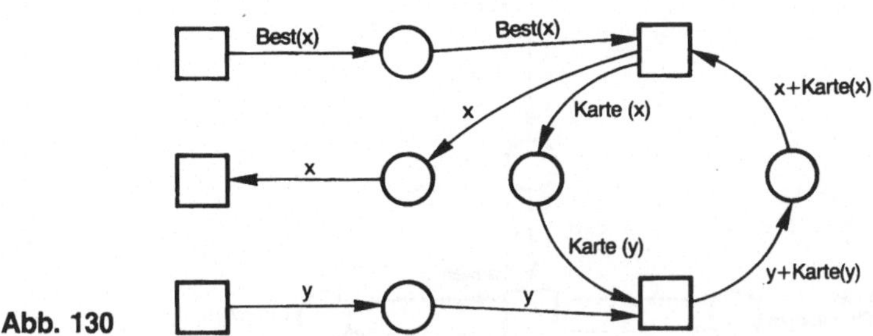

Abb. 130

Aufgabe 28

Wesentliche Komponenten der Organisation einer Tankstelle sind das Einfahren, das Tanken, das Ausfahren, die Standplätze und die Tankwarte.

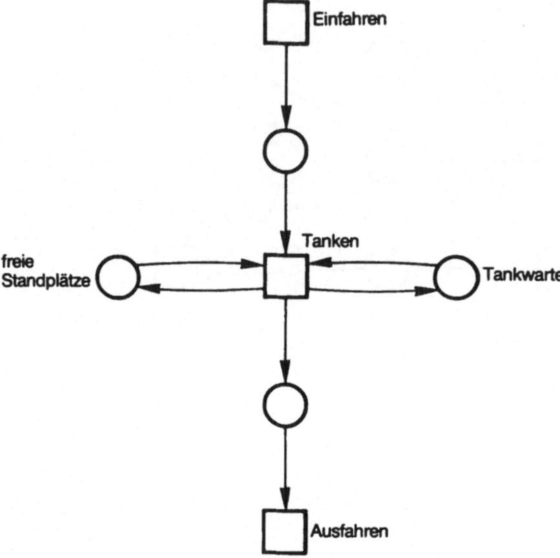

Abb. 131

Aufgabe 29

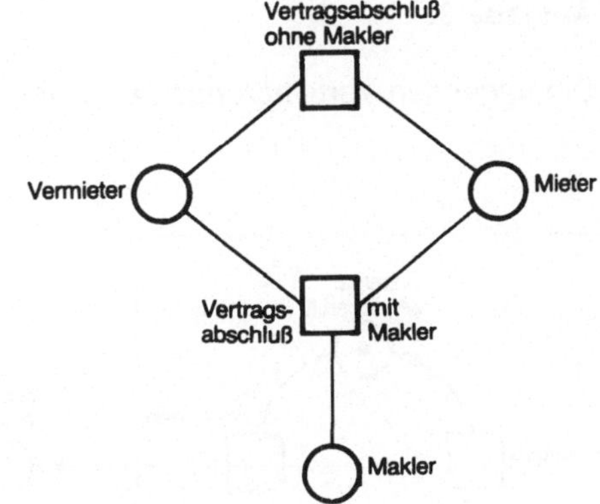

Abb. 132

Aufgabe 30

Die folgenden Verfeinerungen ergeben sich eindeutig.

a)

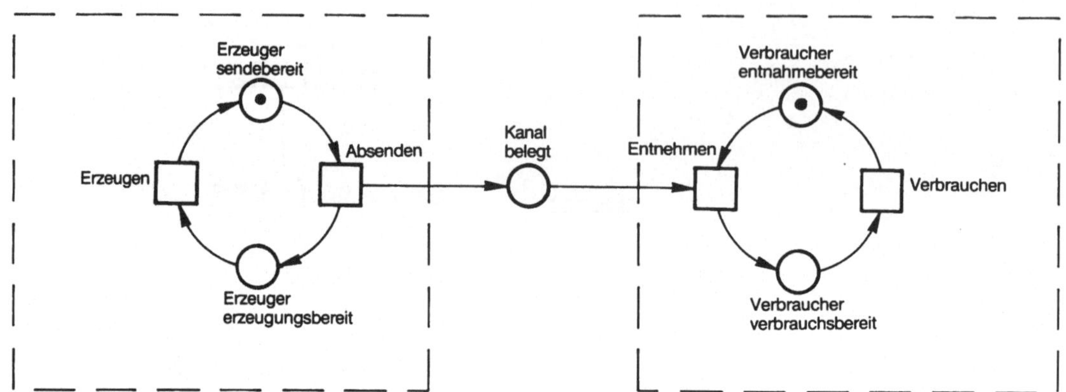

Abb. 133

b)

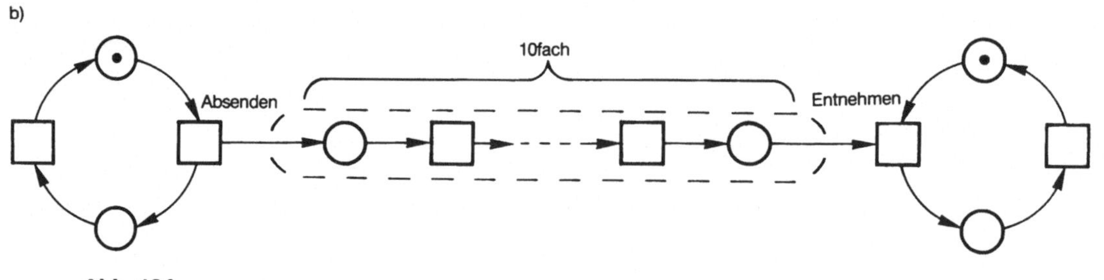

Abb. 134

c)

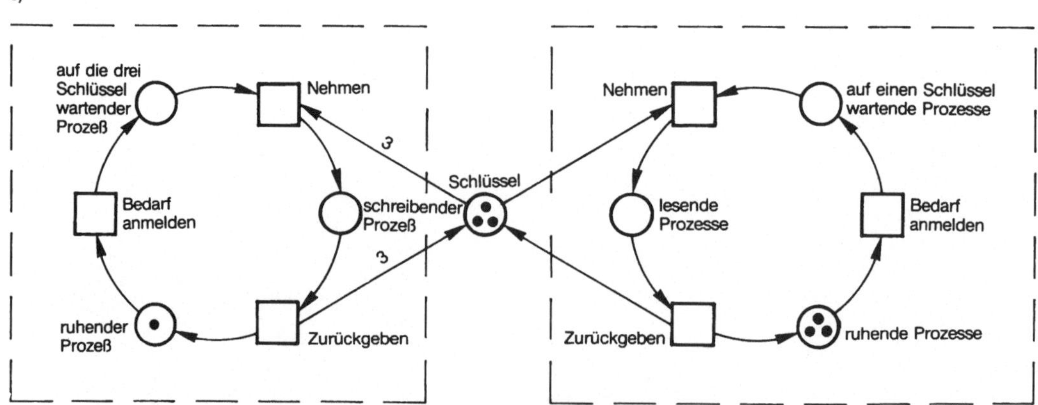

Abb. 135

Aufgabe 30 (Fortsetzung)

d)

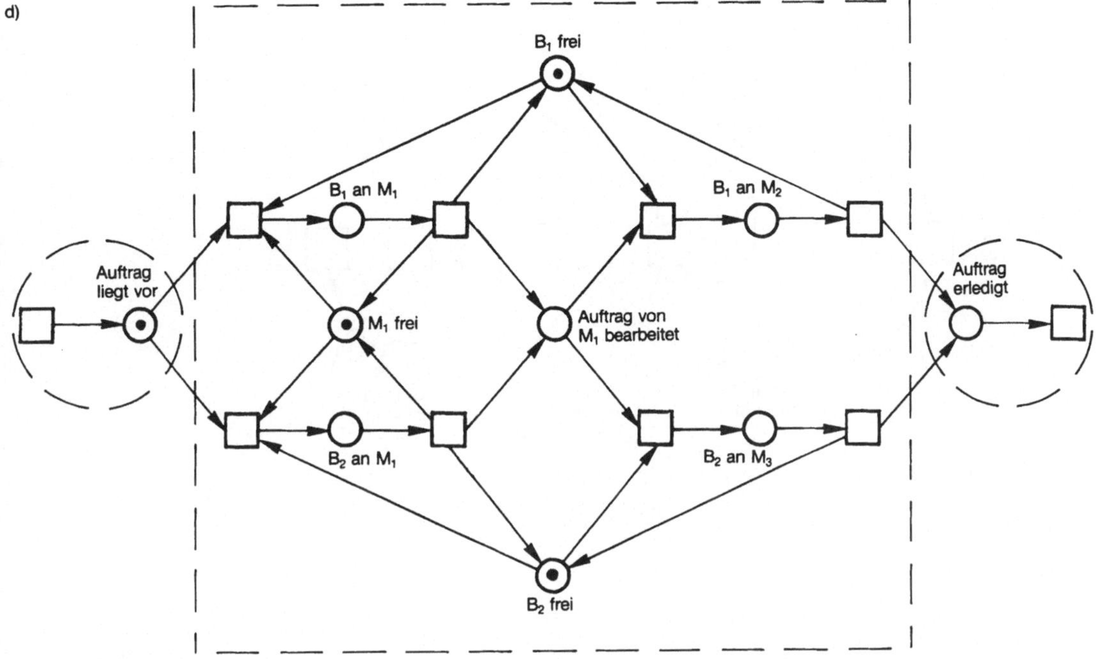

Abb. 136

e)

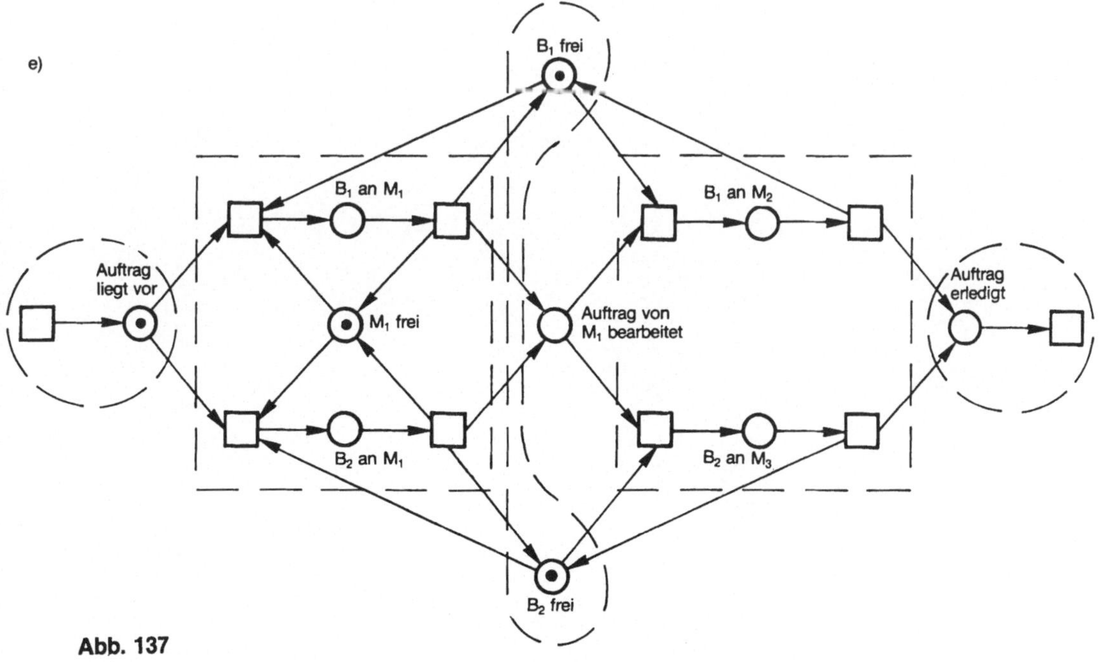

Abb. 137

Aufgabe 30 (Fortsetzung)

f)

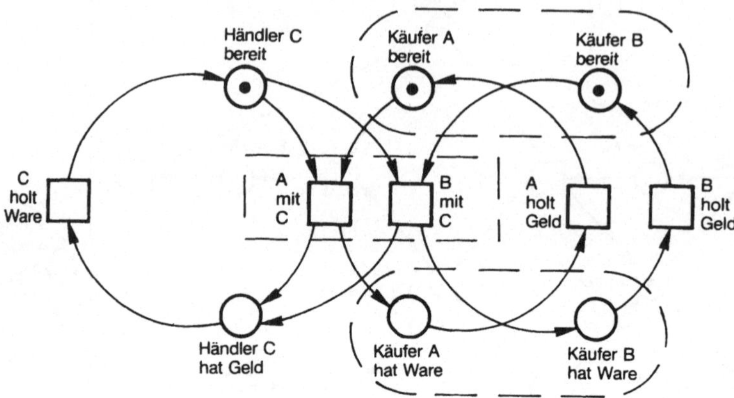

Abb. 138

Aufgabe 31

Beide Verfeinerungen sind markentreu.

Aufgabe 32

a) Ergänzt man Abb. 11 um die Bedingung „Kanal belegt", so entsteht Abb. 18.
b) Ergänzt man Abb. 18 um die Bedingungen b_0 und b_1 und um das Ereignis e, so entsteht Abb. 20.
c) Ergänzt man Abb. 27 um einen Verbraucher-Zyklus, so entsteht Abb. 28.

Aufgabe 33

Die resultierende Markierung ist nicht eindeutig, weil Abb. 97 nicht spezifiziert, ob die per Brief bestellte Ware als Paket oder mit dem firmeneigenen Zustelldienst ausgeliefert wird. Wir entscheiden uns für den Zustelldienst.

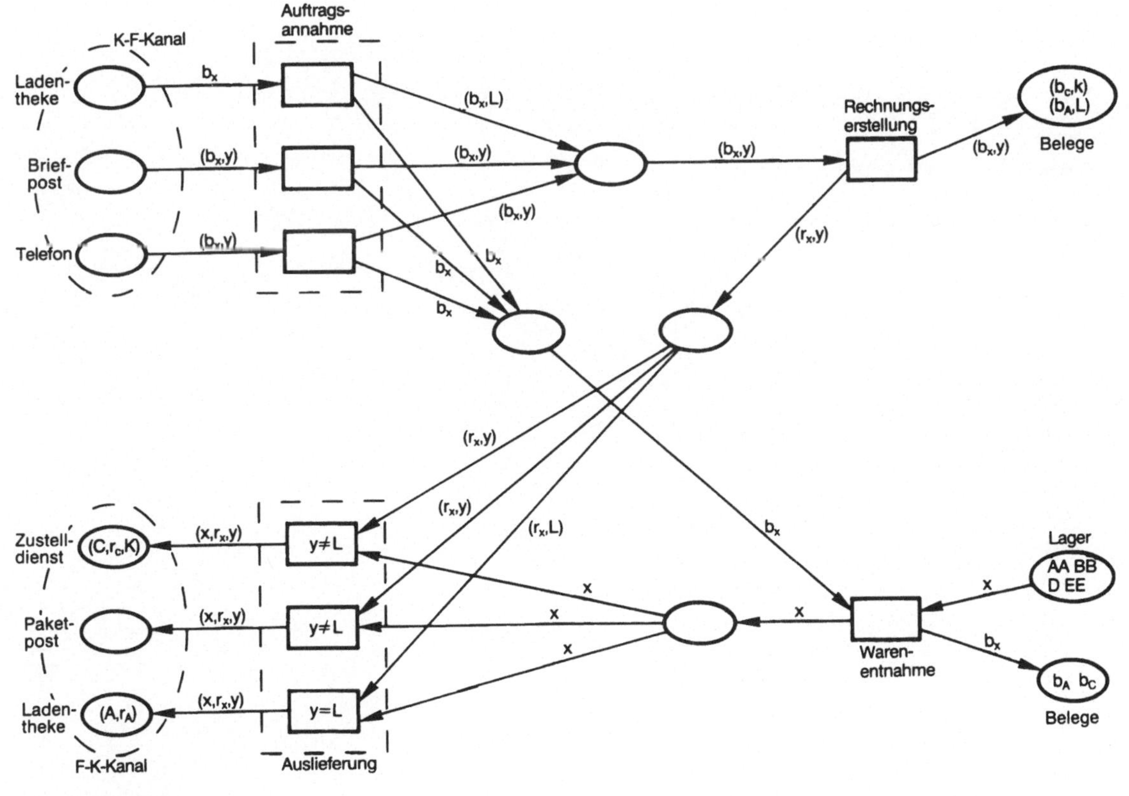

Abb. 139

Literaturhinweise

a) Lehrbücher

J. L. Peterson: *Petri Net Theory and the Modelling of Systems*, Prentice Hall Inc., Engelwood Cliffs, N. J. 07632, 1981

W. Reisig: *Petrinetze – eine Einführung*, Springer-Verlag Berlin, Heidelberg 1982

B. Rosenstengel, U. Winand: *Petri-Netze – Eine anwendungsorientierte Einführung*, Vieweg Verlag Braunschweig/Wiesbaden 1982

P. Starke: *Petrinetze*, Deutscher Verlag der Wissenschaften DDR Berlin 1980

K. Zuse: *Petri-Netze aus der Sicht des Ingenieurs*, Vieweg Verlag Braunschweig/Wiesbaden 1980

b) Einführende Zeitschriftenartikel

R. Bischof: *Petri-Netze, Ihr Beitrag zum Entwurf von Systemen*, Handbuch der Modernen Datenverarbeitung 104, S. 45–60, 1982

G. Bretschneider: *Petri Heil!*, Computerwoche 6. Juni 1980

G. Bretschneider: *Ist die Softwarekrise überwindbar?*, Computerzeitung 3. März 1982

R. Budde, H. Nieters: *Einführung in die Netztheorie (Theorie der Petri-Netze)* Regelungstechnik 32, Heft 3, S. 76–80 und Heft 4, S. 107–113 (1984)

T. Grams, M. Schäfer: *Übertragungsprotokolle des PDV-Bus in Netzdarstellung* ELEKTRONIK Heft 23, S. 45–55, 1979

O. Herzog, W. Reisig, R. Valk: *Petri-Netze: ein Abriß ihrer Grundlagen und Anwendungen*, Teil 1, Informatik-Spektrum 7, S. 20–27, 1984

G. Richter: *Netzmodelle für die Bürokommunikation* Informatik-Spektrum, Nr. 6, S. 210–220 (1983) und Nr. 7, S. 28–40 (1984)

R. Steinmetz: *Darstellung von Monitoren durch Netze* Angewandte Informatik 8, S. 314–322, 1984

c) Sammelbände

W. Brauer (ed.): *Net Theory and Applications* Lecture Notes in Computer Science Vol. 84, Springer-Verlag Berlin, Heidelberg, 1980

C. Girault, W. Reisig (eds.): *Application and Theory of Petri Nets*, Informatik-Fachberichte 52, Springer-Verlag Berlin, Heidelberg, 1982

A. Pagnoni, G. Rozenberg (eds.): *Applications and Theory of Petri Nets* Informatik-Fachberichte 66, Springer-Verlag Berlin, Heidelberg, 1983

G. Rozenberg (ed.): *Advances in Petri Nets* Lecture Notes in Computer Science Vol. 88, Springer-Verlag Berlin, Heidelberg, 1985

d) Bibliographie

E. Pless, H. Plünnecke: *A Bibliography of Net Theory* (second edition) Gesellschaft für Mathematik und Datenverarbeitung Bonn, ISF-Report 80.05, 1980

e) Periodisch erscheinende Schrift

Newsletter Petri Nets and Related System Models, Gesellschaft für Informatik e.V. (Postfach 1669, 5300 Bonn), Fachgruppe Petrinetze und verwandte Systemmodelle (Herausgeber), erscheint dreimal jährlich

Index